ほっかいどう 山楽紀行

坂口 一弘

オプタテシケ山からトムラウシ山への
縦走中の筆者
(三川台にて、後ろはトムラウシ山)

はじめに

　本書は、北海道新聞（札幌圏版）に、2012年6月から2017年2月までの約5年間、隔週金曜日ごとに、115回にわたって連載させていただいたものを加筆修正し、掲載予定だった4編を加え、さらに、見るだけでも楽しく、充実したものになるように写真も全部で530点ほど掲載して、1冊にまとめたものである。

　執筆依頼を受けたときの「単なるガイド記事にならないよう、その山の魅力、特色、歴史などを、自分が登ったときの感動や出合いなどのエピソードを中心に綴ってほしい」という趣旨を踏襲し、なるべく掲載日に合わせた旬な情報や話題を心掛けてきたつもりである。

　もともとは、健康増進と老化防止のために、40代後半から"一人歩きの山"にのめり込んでしまった典型的な中高年登山者である。最初の8年間で踏破した「一人歩きの北海道百名山」の山行記録をホームページ上に公開したのが、1998年。

　翌年、インターネット上の情報交換の集まりである「北海道の山メーリングリス

ト」(略称・HYML)の創設に関わって以来、山仲間がどんどん増え、経験を重ね、誘われるうちに、夏山だけではなく、冬山、沢登りややぶ山までと節操がなくなり、ステップアップを重ねて来た。

ホームページ名も「一人歩きの北海道山紀行」と変え、25年間で登った山は、道内で650山以上のほかに、退職後6年かけて踏破した「日本三百名山」も含まれる。

そんな道内の山で、複数回登った山の中から、おもに一般登山者が対象とする山を選んで執筆してきた。特に1年の半分を占める積雪期には、基本的に、一般登山者が夏も登れて、冬も登れる山を選んだつもりである。1回の記事で2山取り上げたこともあるので、139山を紹介することができた。

本書では、それを山域別に6ブロックに整理して掲載した。1つの記事を、基本的には見開き2ページとし、お気に入りの山は、写真を多くしたり、大きくしたりで4ページ構成になっているものもある。

ただし、ガイド本ではないので、本書を読んで、「自分も登ってみたい」と思われた方は、私がバイブルとした『北海道夏山ガイド』、自分も執筆者の一人である『北海道雪山ガイド』(ともに北海道新聞社発刊)などを参考にしていただきたい。

札内ジャンクションピークからこの後縦走した日高山脈主稜線南側を眺める

- 2 はじめに
- 4 目次

9 道南の山

- 10 恵山・海向山 〜紅葉と溶岩　際立つ美
- 12 台場山 〜土方歳三が砲台場を築く
- 14 函館山 〜要塞跡　自然の宝庫
- 16 横津岳・袴腰岳 〜函館近郊　眺め雄大
- 18 駒ヶ岳 〜南は優雅　北は男性的
- 20 毛無山 〜滝と沼とブナ林が魅力
- 22 大千軒岳 〜殉教の地　斜面に花畑
- 26 七ッ岳 〜7座の盟主　ブナ林美麗
- 28 乙部岳 〜義経伝説に彩られた山
- 30 雄鉾岳 〜鋭い山容　みごとな展望
- 32 遊楽部岳 〜長い尾根　彩る紅葉
- 36 長万部岳 〜珍しい山スキー標識
- 38 黒松内岳 〜ブナの新緑に癒やされて
- 40 大平山 〜咲き誇る多彩な花々
- 42 狩場山 〜紅葉鮮やか　道南最高峰

44 山楽コラム❶ 〜山は楽しい！〜

45 道央の山

- 46 ニセコアンヌプリ・イワオヌプリ 〜時は流れ主役移る
- 48 チセヌプリ 〜沼巡りとセットで
- 50 シャクナゲ岳 〜冬に映える円錐形の秀峰
- 52 目国内岳 〜春スキーに病みつき
- 54 雷電山 〜平らな頂上　大雪原
- 56 積丹岳 〜滑降　標高差1100㍍
- 58 昆布岳 〜天突くピーク　凛と

60	尻別岳 〜羊蹄山との夫婦山	94	札幌岳 〜広い斜面　樹氷もみごと
62	軍人山・化物山 〜名の由来にも興味	96	喜茂別岳 〜登山道開削　夏も快適
64	羊蹄山 〜紅葉の移ろいと影羊蹄	98	無意根山 〜広い斜面　好ゲレンデ
68	有珠山 〜大自然の驚異体感	100	余市岳 〜札幌最高峰　滑りも格別
70	伊達紋別岳 〜手軽に登れ　絶景魅力	102	定山渓天狗岳 〜魅力多い野性的岩山
72	稀府岳 〜登山道整備　人気上昇	104	神威岳 〜眺望広がる岩峰
74	室蘭岳［鷲別岳］ 〜眼下に広がる内浦湾	106	八剣山 〜スリル満点の岩稜と眺望
76	カルルス山・来馬岳 〜無名峰　新たに命名	108	藻岩山 〜大都会の貴重な自然
78	オロフレ山 〜夏優しく、冬厳しき山	110	手稲山 〜自然度の高さ予想以上
80	徳舜瞥山・ホロホロ山 〜花と展望　どちらも見事	112	奥手稲山・迷沢山 〜山スキーで循環縦走
84	樽前山・風不死岳 〜山容異なる新旧火山	114	銭函天狗岳 〜低山ながらも魅力満載
86	紋別岳 〜支笏湖一帯の大展望台	116	春香山 〜芽吹きが彩り　春紅葉
88	恵庭岳 〜眼下に支笏湖ブルー	118	塩谷丸山 〜夏も冬も魅力の低山
90	漁岳 〜札幌に近く年中人気		
92	空沼岳 〜魅力あふれる沼巡り	120	山楽コラム❷ 〜一人歩きの魅力〜

121	夕張・樺戸・増毛・幌内の山
122	夕張岳 〜保護が実り花の山に
124	芦別岳 〜真の魅力 旧道から
128	崕山 〜貴重種の花々に遭遇
130	富良野西岳 〜眼下に富良野盆地
132	黄金山 〜急峻と不気味さに鳥肌
134	暑寒別岳 〜眼下に雨竜沼湿原
136	群別岳 〜天を突き てっぺん鋭く
138	神居尻山 〜斜面、谷…荒々しさ魅力
140	ピンネシリ・待根山 〜花の稜線 期待以上
142	音江山 〜大展望 スキーも人気
144	山楽コラム❸ 〜中高年を山へ向かわせるもの？もしかして…〜

145	日高の山
146	アポイ岳 〜固有種多彩 花の宝庫
148	楽古岳 〜三角錐の姿すっきり
150	野塚岳 〜沢直登 野趣富む山行
152	神威岳 〜威風堂々「神の山」
154	横山中岳 〜南日高の展望台
156	ペラリ山 〜日高測量の基礎に
158	ピセナイ山 〜圧巻 壮大なパノラマ
160	ペテガリ岳 〜連なる峰 秀麗さ随一
162	1839峰 〜はるかなる孤高の鋭峰
164	カムイエクウチカウシ山 〜稜線絶景 岳人の憧れ
168	イドンナップ岳 〜屈指のロングコース
170	十勝幌尻岳 〜日高山脈の大展望台

- 172 エサオマントッタベツ岳
  〜2つのカール抱く秀峰
- 176 幌尻岳
  〜憧れ　カールの一夜
- 178 北戸蔦別岳・1967峰
  〜花と稜線の大展望
- 180 伏美岳・ピパイロ岳
  〜鮮烈　大パノラマ
- 182 チロロ岳
  〜小滝連続　雪渓も
- 184 剣山
  〜迫力の岩峰や岩塔
- 186 芽室岳
  〜日高登山入門の山
- 188 オダッシュ山
  〜大斜面での滑り格別
- 190 山楽コラム❹
  〜山へ行って元気をもらう〜

191 十勝・大雪の山

- 192 富良野岳・上ホロカメットク山
  〜花と火山地形が魅力
- 194 三段山
  〜結晶光る軽い雪　感動
- 196 十勝岳・美瑛岳
  〜景観美四季ごとに
- 200 オプタテシケ山
  〜時忘れる連峰の眺望
- 202 扇沼山
  〜最短でトムラウシ山へ
- 204 トムラウシ山
  〜天上の楽園に感動
- 208 忠別岳
  〜広大斜面彩る花々
- 210 緑岳・小泉岳
  〜広い稜線に花の競演
- 214 赤岳
  〜見事な紅葉　いち早く
- 216 白雲岳
  〜5月に現れる幻の湖
- 218 旭岳
  〜品格備えた道内最高峰
- 220 黒岳・北鎮岳
  〜紅葉、冠雪　感動のコラボ
- 222 愛別岳
  〜大雪　孤高の岩峰
- 224 東ヌプカウシヌプリ
  〜十勝平野の雄大さ実感
- 226 白雲山・天望山
  〜眺め新鮮　然別火山群

228	ウペペサンケ山 〜長く平らな頂稜
230	ニペソツ山 〜鋭峰との対面　感動的
232	石狩岳・音更山 〜奥深い分水嶺の山
234	西クマネシリ岳・ピリベツ岳 〜日本一のおっぱい山
236	三国山 〜3海洋の「大分水点」
238	武華山・武利岳 〜大雪山系　見渡す限り
240	平山 〜花の稜線　大雪一望
242	ニセイカウシュッペ山 〜岩峰鋭く紅葉鮮やか
244	山楽コラム❺ 〜新たな感動と出合いを求めて〜

245　道東・道北の山

246	雌阿寒岳・雄阿寒岳 〜山容対照的な夫婦山
250	カムイヌプリ[摩周岳]・西別岳 〜威厳　優美　花畑と絶景
252	藻琴山 〜眼下に広がる屈斜路湖
254	武佐岳 〜山頂から野付・国後
256	斜里岳 〜変化に富んだ名峰
258	羅臼岳 〜知床連山の盟主
260	知床硫黄山 〜雪渓を越え　名花と対面
262	仁頃山 〜地元住民憩いの山
264	石垣山 〜岩窟見つけ歴史実感
266	天塩岳 〜天塩川の源流部
268	ウエンシリ岳 〜急峻で険しく深い谷
270	三頭山 〜山名に入植者の愛着
272	ピッシリ山 〜長大な稜線彩る花々
274	ピヤシリ山 〜冬の絶景　樹氷群
276	利尻山 〜海に浮かぶ勇姿
278	礼文岳 〜「花の浮島」を一望
280	踏破済みの北海道の山一覧
286	あとがき
288	著者プロフィール

道南の山

恵山・海向山
台場山
函館山
横津岳・袴腰岳
駒ヶ岳
毛無山
大千軒岳
七ッ岳
乙部岳
雄鉾岳
遊楽部岳
長万部岳
黒松内岳
大平山
狩場山

函館市

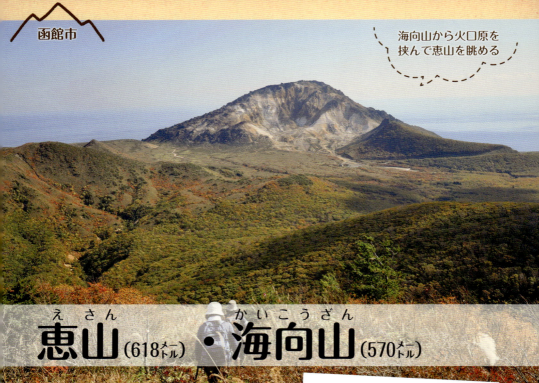

海向山から火口原を挟んで恵山を眺める

恵山(618メートル)・海向山(570メートル)

紅葉と溶岩　際立つ美

　北海道で例年10月下旬でも紅葉が楽しめる山…それは、筆者の地元・函館。渡島半島の東南端で太平洋に突き出すように位置する活火山恵山。道内で最後の紅葉登山を楽しもうと、道央方面から訪れる登山者も多い。

　山名の由来は、アイヌ語の「エシャニノボリ（岬の上の山）、エサン（岬）、イエサンヌプリ（溶岩を吹き出している山）」などの諸説がある。

　二重式火山で、外輪山は海向山や椴山などからなり、中央火口丘は外輪山の東縁に位置する。このピークが恵山頂上で、その西方に爆裂火口を開き、

火口原駐車場から紅葉に燃える海向山を望む

硫気孔から活発な噴気活動を続ける。

　標高300〜350メートルの火口原一帯には、低い標高にもかかわらず、ガンコウラン、エゾイソツツジ、ミネズオウ、コケモモ、イワカガミのほかにも多様な高山植物が生育する。山肌を真っ赤に染めるエゾヤマツツジ、道南

でしか見られないサラサドウダンも有名だ。これらの花々を楽しむには5月下旬から6月中旬がお勧め。この時期も、道内ではいち早く咲くこれらの花々を目的とした遠来の登山者でにぎわう。

火口原駐車場までは車でも上がることもでき、そこから火口原や山頂や外輪山へ延びる遊歩道が整備されている。登山道はこのほかに、椴法華側からの椴法華コースと八幡川コースがある。

焼けただれた溶岩のオブジェの間を縫って登ると、足元から三方に青い海が広がり、津軽海峡を挟んだ下北半島が近い。

筆者お気に入りのこの山最高の紅葉ビューポイントは、椴法華コース上部の北東斜面。青い海と白い恵山岬灯台を背景とした尾根の末端までを彩る鮮やかな錦繍（きんしゅう）と黒い溶岩とのコントラストがすばらしい。

また、道内では数少ない信仰の山でもある。頂上には恵山大権現がまつられ、賽の河原には三十三観音の石仏群や、200年前に高田屋嘉兵衛が海上安全を祈願し、建立したといわれる十一面観音像が今でも残る。

火口原を挟んで恵山と対峙するのが外輪山の最高峰海向山。主峰の恵山とは対照的な穏やかな山容である。全山サラサドウダンを主体とするツツジ類で覆われていて、初夏には釣り鐘状のかれんな鈴なりの赤い花を咲かせ、秋には全山を真っ赤に燃やす。

この山には火口原駐車場から周回コースがあり、恵山とセットで登るとタイプの違う山を楽しむことができる。

（2012・10・19 掲載）

この山域に多いサラサドウダン

噴煙と溶岩を眺めながら恵山へ登る

おまけ情報

2015年秋、長い間閉鎖されていた恵山側からの恵山高原コースの再開削・整備に筆者も関わり、2016年6月に、そのコースを利用した函館市主催の『国民の祝日「山の日」施行記念恵山登山会』が開催された。なお、野生馬は、2014年に回収されていなくなっている。

函館市

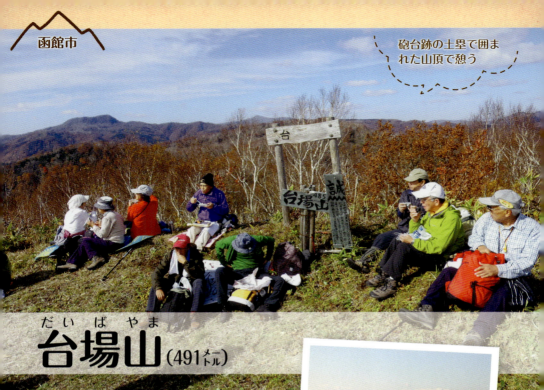

砲台跡の土塁で囲まれた山頂で憩う

台場山(だいばやま) （491メートル）

土方歳三が砲台場を築く

山頂から島のように見える函館山を望む

　1868年（明治元年）旧暦10月末、鷲ノ木（渡島管内森町）に上陸した旧幕府軍の元新選組副長・土方歳三率いる支隊400人余は、砂原、鹿部の海岸道を進軍して川汲(かっくみ)に至る。東蝦夷地三険の一つといわれた川汲峠で、官兵に小隊で夜襲をかけ、現在の台場山山頂を占拠。翌朝、川汲湯元に宿陣していた土方軍の主力が、鱒川峠から上湯川を経て五稜郭に入った…という歴史的由緒のある山である。

　しかし、このときはまだ、「カックミ山」と呼ばれていた。台場山と命名されたのは、その翌年、土方が、新政府軍に備えてこの山に砲台場を築いたことによる。山頂には、土塁が残り、史跡を示す表示板やくいも設置されている。

　この山に初めて登ったのは、30年ほど前に勤務していた南茅部町（現函館市）の町民登山会だった。NTT管理道路から登り、下りは、途中から旧

道南の山

川汲山道をたどった。この山道は、1925年（大正14年）から函館南茅部線開通までバスも通り、この函館側はNTTの管理道路として舗装された。

　しかし、その後、川汲側の山道は崩壊し、現在はこの管理道路と、江戸時代から間道として使われていた北東尾根上に延びる川汲温泉コースが登山道として利用されている。

　その後、何度も訪れているが、一番印象深かったのは、古道研究家の友人も〜さんの案内で、やぶに埋もれたままの土方隊侵攻の道でもあり、江戸から大正末期にかけて利用されてきた別の山道跡をたどって登頂した時である。ササやぶに覆われてはいたが、幅1㍍ほどの深く掘れた痕跡がはっきりと続いていた。途中に休憩所のような痕跡も認められた。下山は、NTT管理道路沿いの南西尾根上に続くこの古い道の跡を進んだ。この道は、も〜さんが古地図や古文書をもとに自らの足で探し出したものだった。

おまけ情報

　川汲温泉コース登山口の道路を挟んだ向かい側の川汲温泉ホテルは、現在は日帰り入浴だけだが、寛保年間（18世紀初頭）には開湯され、「鶴の湯」という湯治場だった。土方歳三隊はこの峠を越える前夜にここに逗留している。すぐ近くには日帰り入浴できる明林荘もある。

紅葉に染まるNTT管理道路

新緑に染まる川汲温泉コースのブナの大木

　舗装されたNTT管理道路は野趣には乏しいが、熊のふんは多い。ただ、カエデ類が非常に多く秋の紅葉は実に見事だ。川汲温泉コースは、ブナの大木が多く、初夏には周りを新緑に染め、秋は黄葉が美しい。

　山頂からは、島のように浮かぶ函館山や函館近郊の山々が眺められ、春の台場跡では、クマガイソウやエゾタンポポ、スミレも迎えてくれる。

（2016・4・8掲載）

函館市

冬の千畳敷から
御殿山と函館港を望む。
奥は駒ヶ岳と横津連峰

函館山（334メートル）
はこだてやま

要塞跡　自然の宝庫

　北海道新幹線の開業で盛り上がっている筆者の地元、函館のシンボルは函館山であろう。手軽に登れることもあり、四季を通じて多くの市民に親しまれている。冬でも毎日欠かさず登っている人も多い。

　観光の目玉としても、山頂からの夜景は、「世界三大夜景」と称され、最近では「ミシュラン・グリーンガイド・ジャポン」で、最高ランクの「三つ星」として掲載された。新幹線開業で、ますますにぎわいそうな気配だ。

　火山の噴出物が積み重なり島として誕生した陸繋島で、牛が寝そべるよう

観光客で溢れる展望台と夜景

な外観から臥牛山とも呼ばれる。函館山とは、山頂で展望台のある御殿山をはじめとする、薬師山、つつじ山、千畳敷など13のピークの総称である。

　今でこそ、市民憩いの場だが、終戦までの約50年間は軍事要塞として、地形図からも消され、一般人の入山や

道南の山

千畳敷要塞跡

多く見られる
コジマエンレイソウ

おまけ情報

最近明らかになったことであるが、観光客でにぎわう展望台の真下に、御殿山第一砲台という名称の軍事施設が現在でも残っている。展望台ができる1953年までは地上に露出していた。現在は危険防止のため、研究目的以外の立ち入りはできない。

写真撮影、スケッチをすることなども厳しく規制された。そのため、豊かな自然が保たれて、約650種の植物、約150種の野鳥、さらに小動物も生息する「自然の宝庫」となり、「日本の自然100選」にも選ばれている。

筆者がこの山に初めて登ったのは、小学校高学年の遠足だった。まだ、要塞の跡が生々しく、怖かったのを覚えている。

その後、数え切れないほど登っているが、最近では、道内でいち早く咲くコジマエンレイソウ、エゾエンゴサク、キクザキイチゲなどの早春の花散策から筆者の夏山が始まる。スミレの多い山としても有名で、一番好きなヒナスミレやヒカゲスミレなど10種類以上は目にできる。

ハイキングコースは全部で12コースあり、目的や組み合わせ方によっては多くのバリエーションを楽しむことができる。筆者の場合、函館山だけなら物足りないので、トレーニングを兼ねて、自宅からスタートして、旧登山道コース〜千畳敷コース〜七曲コースを縦走し、約20㌔を歩くことが多い。三十三観音巡りや、夏は一部でやぶこぎも必要だが、すべて名前の付いている13ピーク巡りも面白い。夜景を楽しむためには、夕方に登り、最も美しいとされる日没30分後を狙うのがお勧めだ。

一番感激したのは、山にのめり込み始めた頃、残雪期に友人に案内してもらって、裏側の寒川海岸へ下りて寒川集落跡と穴澗(あなま)海岸の裏側を見たときだ。いわゆる函館山の秘境である。以来、多くの人を案内して喜ばれている。

（2016・3・25 掲載）

七飯町・函館市

冬の袴腰岳から眼下に広がる函館山と近郊の景観

横津岳(1167メートル)・袴腰岳(1108メートル)
よこつだけ・はかまごしだけ

函館近郊　眺め雄大

　念願の北海道新幹線が3月26日開業する。本州からの乗客が最後のトンネルを抜けて函館平野に入った途端に目にするのは、右手の函館山と正面にゆったりと連なる横津連山であろう。最高峰が横津岳で、稜線上の南に台形に見えるのが函館市の最高峰・袴腰岳だ。

　両山の魅力は、函館近郊の大展望である。南は函館山と、それを中心として函館市街地、函館平野、函館湾が広がり、津軽海峡を挟んだ下北半島、天気の良い時には大千軒岳、北は駒ヶ岳と大沼、奥には噴火湾が広がり、羊蹄山も見える。

横津岳から駒ヶ岳を望む

　1970年代後半までは、当時の大中山コースの途中に横岳荘と呼ばれる山小屋があり、山岳愛好家の拠点になっていた。筆者も学生時代から何度か泊っている。そのころの横津岳にはほかに日帰りコースとして、七飯町鳴川からの七曲りコースが人気で、筆者もよく

函館平野から横津岳と袴腰岳を眺める

登ったものだ。袴腰岳までの縦走路や山スキー用の標識も整備されていた。

しかし、1971年のばんだい号墜落事故の後、山頂に航空路監視レーダーが建設され、山頂まで舗装道路ができたために、これらの登山道はすっかりやぶに埋もれて、見向きもされなくなった。

その後、88年に地元山岳会有志により、函館の新中野ダム奥の林道から袴腰岳までの登山道が開かれた。筆者も数年前までは、その維持管理に携わっていた。97年に横津岳から袴腰岳までの縦走路「巴スカイライン」が開削されると、山頂手前2㌔地点のゲートを登山口として、中高年の登山ブームと相まって、一気ににぎわいを見せるようになった。

冬期登山も昔は横岳荘を拠点として盛んに行われていたようだ。筆者は、2002年まで営業していた南斜面の旧横津岳国際スキー場から、横津岳～袴腰岳をよく縦走した。そのスキー場も閉鎖された現在、北斜面の函館七飯スノーパークから横津岳へ登り、帰りは途中の1035ピークから精進川鉱山跡への斜面を滑り下りてスキー場下へ戻るコースをよく利用している。

今後の楽しみは、山頂から眼下の函館平野に弧を描いて延びている高架の線路を疾走する北海道新幹線を眺めることである。　　　（2016・3・11 掲載）

函館七飯スノーパークのゴンドラ終点から横津岳を眺める

おまけ情報

横津岳の中腹を通る城岱(しろたい)スカイラインの城岱牧場に、2015年に展望台ができ、その駐車場は函館の「裏夜景」の人気スポットとして脚光を浴びている。函館山を中心に函館市内や北斗市と七飯町の夜景が広がり、夜も昼も観光客や地元の人でにぎわっている。

森町・七飯町・鹿部町

荒々しい剣ヶ峰をバックに馬ノ背でくつろぐ登山者たち

駒ヶ岳（1131メートル）

大沼湖畔から望む駒ヶ岳

南は優雅　北は男性的

　道南の亀田半島基部にそびえ、有史以前から活発な活動を続けている別名・渡島富士とも呼ばれる活火山である。中央に大きな火口を開け、主峰剣ヶ峰を筆頭に砂原岳、隅田盛などが取り囲んでいる。南の大沼と一体をなす優美で女性的な姿は、1915年（大正4年）の新日本三景に選ばれたほどだ。しかし、北側の内浦湾に裾野を広げる姿は、爆発の荒々しさを残し、剣ヶ峰と砂原岳が競い合うような男性的な姿が印象的だ。

　山名の由来は大沼方面からの山容が、天馬がかけているように見えることによるらしい。アイヌ語名はカヤベヌプリ（帆のある崖山の意）で、江戸時代の古地図には内浦嶽と記されている。

　もともとは富士山のようなコニーデ型火山だったが、1640年（寛永17年）の大噴火で、山頂部が吹き飛び、現在のような姿になったらしい。この噴火で折戸川がせき止められて大沼・小沼ができ、海に大量の岩石が流入し

18　道南の山

て大津波が起きて、700人余の死者を出している。

函館近郊で育った筆者にとっては、大沼とのセットの駒ヶ岳は、子どものころからの原風景として脳裏に刻み込まれている。最初に登ったのは、中学校の遠足だった。植生がかなり上まで回復している現在とは違って、大きな火山岩や火山れきだらけの月面を連想させる荒涼とした山だった。喉が渇いて、下山後に大沼の水をがぶ飲みしたことが一番の思い出だ。

それ以来、数え切れないほど登っている。20代のころには職場の仲間4人と重い鉄製の鍋とビールを担ぎ上げ、今は規制されている剣ヶ峰でジンギスカンパーティーをしたことが懐かしい。その後も、ずっと長い間、火口原も自由に歩け、噴火口ものぞくことができ、活火山の醍醐味を味わうことができる山だった。

しかし、1998年の小噴火以来、入山禁止となった。ようやく2010年に一部解除になったが、馬の背（標高900メートル）から先は規制されたままである。登山道も6合目まで車で入れる赤井川コース1本だけ。1時間ほどで登れて物足りない感じだが、全国各地からの登山者でにぎわっている。

このたびの御嶽山の噴火は多数の犠牲者を出し、火山の恐ろしさをあらためて見せつけた。その戒めをしっかり心に刻みながら、駒ヶ岳のような魅力的な山々との付き合い方を考えていきたい。　　　　　　（2014・10・3掲載）

> **おまけ情報**
>
> この山は「日本二百名山」に選ばれているので、規制が緩和したあとには、二百名山・三百名山巡りをしている道外の登山者がどっと押し寄せている。任意の規制とはいえ、2016年現在は、登山できる期間と時間が、6月1日～10月31日の午前9時～午後3時までとされている。

森町から望む駒ヶ岳

大沼をバックに登る

北斗市

新緑に囲まれた桧沢の滝

毛無山（750メートル）

新緑を湖面に映す大石の沼

滝と沼とブナ林が魅力

　函館平野の北西に位置するこの山は、江戸時代に箱館（今の函館）と江差を結ぶ江差街道がこのピークを通っていて、毛無峠とか毛無山道など呼ばれていたときもある。「毛無山」と書くと、はげ山のような印象を抱くが、全く反対でアイヌ語のケナシ（川端の林野などの意）に由来するようで、ほかにも道南を中心に7座ほど存在する。

　この山に初めて登ったのは、まだ現在の登山道がなかった2003年3月、「松前藩番所跡・毛無山山道入口」の史跡説明板の立つところから、スキーで林道と南西尾根を繋いで往復している。国道227号沿いの「桧沢の滝・大石の沼入口」の標識の立つところから登山道ができたのは、その年の夏である。それまであった大石の沼までの散策路を延長して頂上まで開削した。このコースの魅力は、1996年に発見されたという秘滝・桧沢の滝と伝説の大石の沼、道南ならではのブナ林である。さらに、春には非常に花の多い

ブナの生える頂上からは駒ヶ岳も見える

コースでもある。

　登山道ができて以来、新緑と春の花を楽しみに、5月中旬から6月上旬にかけて毎年のように訪れている。雪解け水で水量が多く、新緑に囲まれた桧沢の滝は一番美しい時だ。

　急な階段を登り、大きくジグを切って進むと、芽吹いたばかりの新緑を湖面に映す大石の沼に到着。この沼には、「1879年（明治12年）に灌漑用水として利用しようと工事を始めたが、完成前日に激しい雷雨に見舞われ、龍神の祟りが怖くて中止した」という伝説が残っている。

　さらに、斜面をトラバースしながら、稜線鞍部へ向かう。この間はブナの新緑や春紅葉の眺めが美しく、多くの種類の花々が楽しめるところだ。鞍部から頂上までは、江戸時代の山道の痕跡が残るブナの稜線を行く。頂上からは、函館平野の広がりや駒ヶ岳や横津連峰などの眺めが素晴らしい。

　そんな大好きな山だったが、14年2月、筆者にとって辛く悲しい山となった。よく一緒に登った、山とスキーの先輩であるSさんが、設計山までの縦走途中で行方不明になったのである。地元だけでなく遠く札幌方面からも駆け付けてくれた有志による捜索隊の隊長を仰せつかり、約ひと月間山に入り続けた。結果的に想定外の場所で、道警のヘリコプターによって発見された。その場所に慰霊プレートを設置し、翌年の冬には追悼登山会も行った。今でも多くの登山愛好者の慰霊訪問が絶えない。　　　（未掲載）

慰霊プレートを囲む追悼登山会参加者

おまけ情報

　この山の国道227号を挟んだ北側に、「二股口古戦場跡」がある。ここは、箱館戦争時の土方歳三率いる旧幕府軍と新政府軍との一番の激戦地で、唯一旧幕府軍が勝利した場所でもある。今でも塹壕跡を初めとする多くの遺構が残っている。

ミヤマキンバイで覆われる千軒平から山頂を目指す

松前町・上ノ国町

大千軒岳 (1072メートル)
（だいせんげんだけ）

殉教の地　斜面に花畑

知内川の河畔に続く登山道

　松前半島にそびえる道内最南端の1000メートル峰である。1639年（寛永16年）、江戸幕府の弾圧で北へ逃れ、千軒金山で働いていたエゾキリシタン106名が処刑された悲しい殉教の地でもある。知内川コース5合目付近の金山番所跡には十字架が立てられていて、毎年7月下旬には追悼ミサが行われている。

　なお、花畑の広がる頂上稜線の千軒平にもカトリック信徒の手による白い十字架が立っている。また、1896年（明治29年）に道内最古の一等三角点が設定されるなど、まさに歴史が息づく山でもある。

　しかし、なんといってもこの山の一番の魅力は稜線斜面を埋め尽くす花畑。三方を海で囲まれているために風当たりが強く風衝性高山草原が発達していることがその要因である。「花の百名山」や「日本三百名山」としても有名だ。

　豊富な高山植物を盗掘から守ろう

と、1988年（昭和53年）には、「山歩集団青い山脈」（清水和男代表）が設立。そのボランティア活動に負うところは大きい。

多くの河川の源流を抱え、古くは泉源ヶ岳（せんげん）と言われていたことや、江戸時代初期に金堀小屋が千軒もあったことが山名の由来だという。

この山に初めて登ったのは、81年の夏だった。同僚3人で中学生8人を連れて、長い林道を歩き、知内川コースの広河原で野営して2日がかりで登頂した。山の記憶はないのだが、今考えると子供たちがよく歩いたものだと感心する。

再訪は、それから23年後だった。花のピークを迎えた6月中旬、柔らかな新緑のブナ林の中を新道コースから登頂した。山頂直下に湧き出る山上の名水「千軒清水」で喉を潤して花畑が広がる千軒平へと下った。

渡島大島と松前小島が浮かぶ日本海をバックに、稜線斜面を覆い尽くすエゾノハクサンイチゲの白とミヤマキンバイの黄、その中に群生するミヤマアズマギク、ミヤマオダマキ、シラネアオイ、チシマキンレイカなど多くの花々に目を見張った。旧道コースと知内川コースの合流地

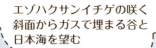

エゾハクサンイチゲの咲く斜面からガスで埋まる谷と日本海を望む

日本一の大群落といわれるシラネアオイ

キリシタン処刑の地・知内川コース5合目の金山番所跡

点付近の日本一の規模といわれているシラネアオイの大群落に大感激。

　それ以来、道内あちこちからやってくる山仲間と一緒に毎年のように登っている。花目的のときは、旧道コースから千軒平へ直接登り、頂上経由で新道コースへと周回することが多い。しかし、登山の醍醐味を味わえるのは変化に富んだ知内川コースだ。季節を変えて登っても、花の種類は多く開花期

おまけ情報

　登山コースは3コースある。知内川コースは、知内町千軒から奥二股登山口まで7㌔の町道澄川線を走行。登り4時間30分で、健脚者向け。

　松前旧道コースと松前新道コースは、松前町上川から道々607号線（松前石崎線）を途中茂草大曲林道を迂回して約30㌔走行で、旧道コース登山口（登り2時間20分）、さらに約3㌔先に新道コース（登り1時間20分・初級者向け）がある。旧道コースと新道コースは循環縦走も可能。

　下山後の温泉は、知内川コースは、知内温泉と町営こもれび温泉、松前コースは、松前温泉休養センターがお勧め。

も長い。

　一度だけアツモリソウを目にしたことがある。昔は群生地があったそうだが、盗掘で一挙に壊滅したらしい。また、何度か目にした2株並んで咲く純白のシラネアオイも最近では見掛けなくなったのが寂しい。（2013・6・7掲載）

北海道最古の一等三角点が設置されている頂上にて

国道228号の知内川に架かる萩茶里橋から千軒連峰を望む。大千軒岳は右

上ノ国町
知内町
福島町

七ッ岳の山頂部を湖面に映す
ブナの黄葉に囲まれた
七ッ岳大沼

七ッ岳 (957メートル)

7座の盟主 ブナ林美麗

冬の知内側の馬岳と牛岳の間の
尾根から見上げる七ッ岳

　山頂が桧山管内上ノ国町・渡島管内知内町・福島町との3町の境界点で、どこから見てもピラミダルな姿が目を引く七ッ岳。名前の由来は、知内側にポコポコとそびえる500〜600メートル超峰の親岳・燈明岳・馬岳・牛岳・長山・丸岳とこの山を含めた7座の盟主であることによる。特に、知内側からは一番奥にそれらを従えた盟主にふさわしいその姿が眺められる。

　この山を中心とした一帯はブナを主体とした天然林に囲まれた「七ッ岳風景林」に設定され、春と秋にはブナの新緑と黄葉がみごと。春はタケノコ採り、秋はキノコ採りでも賑わう。しかし、難点は上ノ国町湯ノ岱から登山口までの18キロに及ぶ長い林道と、それがたびたび決壊して通行止めが多いことだ。登るときにはこの情報を確かめることが第一である。

　この山へは、3度登っているが、いずれも数年間の通行止めが解除され、登山道が整備された時ばかりである。

初登は98年の秋だった。夏に1度目指したが、林道を途中で間違えて登山口へたどり着けなかった。そこで、秋の町民登山会の前日をねらった。案の定、林道分岐や登山道には新しい標識が設置されていた。

広い駐車場を持つ登山口付近の黄金色に輝くブナの黄葉の美しさに感動。まもなく七ッ岳大沼に出る。その湖畔の周遊歩道を少し歩いて登山道へ。当時の登山道は、現在と違って湖畔から最短距離で西尾根へ向かって急登が続いていた。西尾根に乗ると、眼下の黄葉の森の中にぽっかりと口を開けたような青い湖面を見せる大沼、西側には大千軒岳、南には海峡をはさんだ津軽半島などの展望を独り占め。

山頂では、初めて目にした「御料局三角点」が気になった。これは、明治時代、国有林の中でも皇室の財産であった森林は、宮内省御料局が管理していた名残だという。ほかの山でも良く目にする「宮」の字が彫られた標石

ブナの
黄葉の中を行く

も同じ類のものらしい。

再訪の2009年以降は、大沼の湖畔から東コースと西コースができていて、循環縦走ができるようになった。14年秋には札幌からやってきた岳友のツボさんご一行を案内した。ブナは道南でしか見られないだけにその金色に輝く黄葉の美しさと、それらに囲まれた大沼の青い湖面に姿を映す七ッ岳の景観に感動しきりだった。

（2017・1・20掲載）

山頂付近から紅黄葉に囲まれた七ッ沼を見下ろす

おまけ情報

この登山道に続く林道の入口となる上ノ国町湯ノ岱地区の天の川沿いには、上ノ国町国民温泉保養センター（通称・湯ノ岱温泉）がある。珍しい炭酸泉の温泉で、3種類の湯温（35℃、38℃、42℃）とうたせ湯が楽しめる。

新緑の季節、アップダウンの激しい稜線から山頂を見上げる

乙部町・厚沢部町

乙部岳 (1017メートル)

義経伝説に彩られた山

厚沢部スキー場から残雪を抱いた乙部岳を眺める

　道内には、ロマンを秘めた義経伝説が多く残っているが、この山もそれに彩られた山である。檜山管内乙部町と厚沢部町の境界線上にそびえる1000メートル超峰であるが、山中に九郎判官源義経が開いたと伝えられる九郎嶽社が存在したことにより、もともとは九郎嶽と呼ばれていた。さらに、静御前は、義経恋しさのあまり乙部にたどりつく。しかし、数カ月前に義経は、乙部から川を遡り、この山を越えていた。悲嘆にくれた静御前は川に身を投じる。乙部の人々は義経と静御前の悲しい運命に同情して、川を姫川と呼び、義経が静御前と会えずに越えた峠を姫待峠と名付けたとのストーリーである。

　登山道は、姫川沿いの林道から尾根コースと沢コースの2本がある。それぞれの登山口は400メートルほどしか離れていないので、タイプの違うコースの周回登山を楽しむことができる。

　筆者の初登は、1991年の町民登山会だった。しかし、ただ人の後に付い

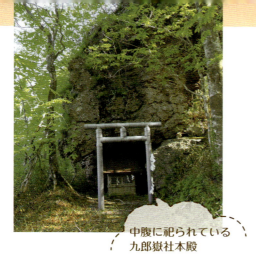

中腹に祀られている九郎嶽社本殿

の鳥居から始まる。標高点613地点の分岐から右に5分ほど下ると、大きな岩の下に九郎嶽社本殿が祀られている。この社は、農漁業の豊作や海山の安全の山岳信仰の神社であるが、実際は1859年（安政6年）に、山岳信仰の修験者として入山した松崎弥兵衛常則が建立したと伝えられる。

沢コースは、「天狗岩」と呼ばれる大きな岩塔と、昔、九郎嶽社の信者が身を清めるために一夜を明かしたと伝えられる「行者洞」が見どころである。

この時期、白色のレーダー雨量観測所が建つ山頂からは、まだ雪に覆われた遊楽部岳と狩場山、雄鉾岳（おぼこだけ）、駒ケ岳や横津岳、日本海の海岸線や厚沢部や乙部の街並みなどの眺望が広がり、時の経つのを忘れる。（2016・5・20掲載）

て歩くだけの山行は自分の性分に合わなくて、翌年から「一人歩きの山」にハマってしまった思い出の山でもある。

5年後の5月下旬に再訪した。当時はまだ沢コースしかなかったが、その後3回は、同じ時期に、尾根コース〜沢コースと周回している。ブナの新緑に染まる中、道端に咲くミヤマスミレ、フギレオオバキスミレ、シラネアオイの群生、稜線上のカタクリやタカネザクラなどに癒やされ、タケノコやギョウジャニンニクのおまけも付いてくる。

尾根コースは、林道沿いの九郎嶽社

6月上旬の稜線に咲くタカネザクラ

おまけ情報

この山の麓の縁桂森林公園には、「縁桂（えんかつら）」と呼ばれる地上7㍍の所で2本の枝が結合している連理木がある。「縁結びの神」が宿ると崇められ、本州方面からの来訪も多く、樹前結婚式も行われる。北海道記念保護樹木であり、林野庁の「巨樹・巨木百選」に道南で唯一指定されている。さらに、「訪ねたい神秘的な巨樹」として全国で2番目に選ばれたこともある。

八雲町

沢の源頭から見上げる雄鉾岳の大岩壁

雄鉾岳（1000メートル）
おぼこだけ

頂上より1～2メートル高いとされる西峰と右下の割れ岩を眺める。その向こうに遊楽部山塊

鋭い山容　みごとな展望

　国道5号の渡島管内八雲町市街地の北側から遊楽部川上流方向を眺めると、切り立った岩壁の上に岩峰を屹立させた鋭い山が見える。雄鉾岳だ。アイヌ語の呼び名「カムイ・エ・ロシキ（神々が立ち並ぶところの意）」にふさわしい崇高な姿だ。

　山名の由来は、南の野田追川上流に位置する古くから知られていて姿も似ている小鉾岳（792メートル）と同じ呼び方だが、区別するために雄鉾岳と名付けたという説が有力である。

　渡島半島のもっとも狭い部分に位置することもあり、山頂から太平洋と日本海の両方が眺められる国内でも珍しい山だ。

　登山口一帯は、1969年（昭和44年）まで、鉛やマンガンを産出していた八雲鉱山があったところで、今でもその遺構があちこちで見られる。登山道は閉山前の1966年から68年にかけて八雲ワンダーフォーゲル（鈴木譲会長）が中心となって開削された。その基地

この登山口への途中に「八雲温泉おぼこ荘」がある。文献によれば江戸時代末期には湧いていたとされている。その後、ピリカベツ駅逓の管理人であった高見米太郎氏が、浴場を立てて管理し、俗に"高見温泉"と呼ばれていた。その後、この地区へ進出した八雲鉱山の職員の福利施設として利用されるようになった。鉱山閉鎖後、八雲町が再開削を行い1975年に「八雲町営温泉」としてオープンした。

おまけ情報

頂上手前の海見平で一休み

となった鉱山の特定郵便局が、現在の登山口に建つ山小屋「オボコ山の家」である。

この山に初めて登った昭和45年以来、道南では一番好きな山となっている。鋭い山容と荒れた沢から岩壁への野趣に富んだワイルドさが堪らない。正面に迫力ある大岩壁を眺めながら、雄鉾沢の源頭まで詰める。大岩壁の根元をトラバース。その先のルンゼ（岩の割れ目）の中を固定ロープを頼りに登り切ると景観が一変する海見平だ。

断崖絶壁の上という感じのしない頂上からは、遊楽部山塊や駒ヶ岳をはじめ、道南の山のほとんどが見渡せる。すぐ北隣にそびえる本峰より高い西峰とその下の割れ岩の迫力がみごとだ。

この山の一番の思い出は、「北海道山のメーリングリスト」（略称 HYML）が開設された翌年2000年の晩秋、全道各地から30名も集まった登山会だ。そのリーダーを務めるために、数日前に下見に行って驚いた。前年の大水で沢沿いの登山道は跡形もなく崩壊し、以前の面影が微塵もなく、大岩がゴロゴロする荒れた沢に化していた。

そのワイルドさにみんなは大喜びだったが、こちらは前日の宿泊懇親会の二日酔いの頭でルートファンディングに緊張しきりだった。頂上で撮った集合写真は自分の山歴を飾る貴重な一枚となっている。　（2013・11・1掲載）

八雲温泉入口手前の八雲熊石線から見上げる雄鉾岳

八雲町・せたな町

臼別頭との鞍部への下りから紅葉に彩られた遊楽部岳を眺める

遊楽部岳（1276メートル）
ゆうらっぷだけ

長い尾根　彩る紅葉

　「楽しく遊べそうな山」を期待させ、読みは軽快な響きを持つ「ユーラップ」。当て字とはいえ、なんとも魅力的な山名である。八雲町によると、ユーラップは「温泉の流れる川」の意とされる。太平洋に注ぐ遊楽部川の源流部に位置することが山名の由来だが、見市岳（けんいちだけ）の別名もある。日本海へ注ぐ見市川との分水嶺でもあり、山頂の一等三角点の点名はこの見市岳である。
　渡島半島の一番くびれたところに位置するが、道南では狩場山に次ぐ第二の高峰で、スケールの大きなどっしりとした山だ。この山を主峰に、臼別頭、太櫓岳、白水岳、冷水岳などを含めて遊楽部山塊を形成している。
　標高差1000メートル以上、往復20キロ近くもの長い尾根道がこの山の特色だ。それだけに変化に富んだ山歩きの魅力にどっぷりとつかることができる。
　だからこそ、高度変化に伴う紅葉や黄葉の移ろいを楽しめる秋がお勧めだ。筆者は4回登っているが、このう

国道5号の八雲大橋から眺める、夕焼けの中にシルエットとなって浮かぶ遊楽部岳

道南の山

頂上への登りから越えてきた臼別頭を振り返る

ブナの黄葉の中を行く

ち3回は9月下旬〜10月上旬の紅葉狙いだ。特に2014年秋、『北海道夏山ガイド』（北海道新聞社）の著者陣に新しく加わった江別の哲さんとの取材山行が印象深い。いつも単独行だっただけに、初めて訪れた彼の新鮮な感動に共感できたからである。

　長く辛い歩きを癒やしてくれる7合目付近まで広がる道南特有のブナ林の黄葉。5合目付近から見上げる臼別頭の双耳峰の間へ突き上げる太櫓川支流源流部の紅葉の斜面。そして、彼が「圧巻」と感嘆したのは、8合目の臼別頭からの大展望だ。ここで初めて対面できる、長い頂稜を延ばしてどっしりと構える遊楽部岳。その奥左右に一望できる太平洋（噴火湾）と日本海。「こんなぜいたくな景色は、おそらく国内でこの一帯だけであろう」と大喜びだった。

　しかし、先はまだ長い。「熊の踊り場」と称される鞍部へ下り、さらに登り返さなくてはならない。登山道のいたる所に点在する熊の掘り返しに、笛を吹きながら歩き続けた。眼下の端正な太櫓岳の高度変化に伴う紅葉の美しさに疲れを忘れる。

　尾根を登り詰めた頂稜の西端が最高地点（1277メートル）だが、山頂はさらに奥である。4時間以上を要して広場状になった山頂にようやく到着。下山も長かった。しかし、彼の新鮮な感動のおかげで、この山の魅力を再認識できたことに感謝して、下山後の温泉を楽しんだ。　　　　　（2015・9・25掲載）

臼別頭の双耳峰の間へ突き上げる太櫓川支流源流部の紅葉の斜面

長万部町・今金町

5合目旧鉱山跡にて、山頂部をバックにした筆者

長万部岳 (973メートル)

珍しい山スキー標識

ブナやダケカンバの幹に設置された山スキー用の標識を探しながら登る

　長万部町の二股温泉の奥にそびえる同町の最高峰である。東側から眺めると、双耳峰にも見える山頂部の美しい山容と、その直下の地肌を露出させた雪崩斜面を抱く急峻な姿が特徴だ。山名は、長万部川の上流にあることが由来のようだが、アイヌ語のオシャマンペの解釈には諸説がある。

　1960年に長万部山岳会の手によって登山道が整備され、毎年まだ雪の残る5月下旬に山開き町民登山会が開催されてきた。頂上標識も立派で頑健なものだ。さらに、92年には道内でも非常に珍しいツアースキー用の立派な標識が設置されている。地元の熱意が伝わる山だ。

　筆者の初登頂は、「北海道百名山単独踏破」を目標にして本格的に山を始めた92年、その4座目だった。残雪とブナやダケカンバの新緑とのコントラストがとても印象的だった。その後も何度か登っているが、山頂から望む太平洋につながる内浦湾（噴火湾）、

山頂から噴火湾を眺める

日本海の寿都湾、狩場山塊、ニセコや羊蹄山などの眺めが素晴らしい。

当時の登山口は、老朽化のため2009年に解体された山小屋「うすゆき荘」の前だった。現在の登山口は、林道が荒れているため、2㌔ほど手前になっている。山小屋跡から七曲りになって続く車道跡の終点である5合目、「旧鉱山跡」の台地状の小広場には、安全登山を願う鐘が釣り下げられている。ここからの山頂部の眺めが最高のビューポイントだ。

貴重な冬山用の標識に敬意を表しての山スキー登山の最初は4月だった。まだ1㍍以上の積雪が残る除雪終点から3㌔の林道歩きが長い。山小屋跡からは標識を探しながら登る。5合目と最後の北尾根以外は、夏道とは微妙に違うルートがうれしい。

頂上への北尾根の急斜面は、北西の強風が吹き抜け、スキーのエッジも効かないアイスバーンだった。アルミかんじきに履き替え、その爪を最大限に効かせて、滑落防止のために低木帯の中をジグザグに登り続けた。しかし、スキーを置いた地点からの下りは程よいザラメ雪滑降を楽しむことができた。

直近は15年1月下旬、パウダースノーの滑降狙いで再訪した。しかし、単独ラッセルのつらさと気温上昇による雪の重さに耐えかねて、5合目から山頂部を眺めただけで満足してしまった。

(2015・2・13掲載)

立派な頂上標識

おまけ情報

5合目付近までの登山道や林道は、昔の二股鉱山の作業道を利用したものだ。5合目には旧二股鉱山の施設跡があり、その奥の平坦なところにも数々の遺構が見られる。二股鉱山は、1937年(昭和12年)から採掘され、瞬く間に、50戸の鉱山住宅や尋常小学校をも併設する規模に成長し、鉛、亜鉛を採掘した。

しかし43年には休山。50年に選鉱を再開したが、65年ごろには休山した短命の鉱山だったようだ。

柔らかな新緑に染まる4合目付近のブナ林がまばゆい

黒松内岳 (740メートル)

ブナの新緑に癒やされて

秋には、金色に輝く黄葉に変わる

　「ブナ北限の里」として有名な黒松内町の南西部にどっしりとした山容を見せるのがこの黒松内岳。この山の魅力は、なんといっても一般登山でブナ林を見ることができる最北の山ということであろう。周りがすべて柔らかな新緑に染まる初夏が最高だが、晩秋の金色に染まる黄葉のころも捨てがたい。いずれにしても、地衣類が幹に作るブナ特有の模様と合わせて、美しく心地よい豊かな森林である。

　山名の由来は黒松内川の源流部にあることによる。その語源はアイヌ語のクルマツナイ（和人の女のいる沢の意）に由来すると言われている。真偽は定かでないが、出稼ぎの漁夫を慕って本州から来た女性たちの船が難破し、そのままこの地に滞留したという伝説が残っている。

　登山道は、黒松内川沿いの林道からの南東尾根コースが一般的だが、最近は、黒松内川の源流である重滝沢やぶ

ブナ林を抜けると荒々しい山容と対面

おまけ情報

黒松内町は、天然記念物「自生北限の歌才ブナ林」を中心とした豊かな自然環境と田園風景や牧歌的風景を潜在的資源として生かすよう体験型・滞在型のまちづくり「ブナ北限の里づくり」に取組んでいる。その中で、お勧めは、筆者も歩いている4コースある「黒松内フットパス」だ。

な滝沢、さらには、ガロー越沢や万の助沢の沢登りの人気が非常に高まっている。筆者もそれらの沢を何度か遡っているが、短い距離にもかかわらず次々と滝が現れ、休む暇がないほどだ。

5月下旬のある日、心地よいブナの新緑に癒されながら登山道を登って行くと、すぐそばで、突然、ガサガサッ！と音がした。「熊？」と飛び上がった。身構えていると、ネマガリダケ（正式和名はチシマザサ）のやぶ中から、汚れたタオルで頬かむりした男性がヌ〜ッと顔を出した。自分も帰りに採ろうと思ったが、それまでに無くなるかも知れない…視線の先はブナの新緑からタケノコの新緑に移った。

ブナ林を抜けると、正面に、雪崩斜面を巡らせ、岩肌を露出させている荒々しい山容が姿を現す。急な尾根道は初夏の花々に彩られ、頂上ではウグイスのさえずりとほころび出したタカネザクラが迎えてくれた。

南の噴火湾と駒ヶ岳から恵山まで、西の遊楽部岳と長万部岳〜狩場山〜大平山の連なり、北の寿都湾と積丹半島、東のニセコ連峰と羊蹄山、さらに洞爺湖付近の山々と室蘭の地球岬など、太平洋と日本海が見通せる大展望にしばし時間を忘れた。

下山後も、歌才ブナ林の散策と「黒松内ブナセンター」の見学、黒松内温泉「ぶなの森」とまさにブナづくしの山旅が楽しめる。　（2014・5・23掲載）

黒松内川支流の重滝右股沢を遡る

島牧村

810ピークから多くの花々が咲く1109ピークを望む

大平山(おびらやま)（1191メートル）

多彩な花々が咲く石灰岩の岩場

咲き誇る多彩な花々

　狩場山塊の東に位置する道内では珍しい石灰岩の山だ。初めてこの山に登った時、長野県からオオヒラウスユキソウ目当てでやって来たという若いご夫婦に出会った。「ヨーロッパのエーデルワイスに近いとされるハヤチネウスユキソウより大きくてずっときれい。他の花もみごとでした。わざわざ来た甲斐がありました。」と喜んでいた。

　このオオヒラウスユキソウやオオヒラタンポポなどの固有種や多彩な花々がこの山の魅力。また、やはりこの山の固有種で片面が平らなカドバリヒメマイマイにも会える。山名は、大平川の水源にあることに由来する。大平の語源はアイヌ語のオピラシュマ（川尻の崖石の意）など3つほどの説がある。漢字からすると、読みは「おおひらやま」と読みたくなり、花の名前もそのようになっているが、地元や山仲間の間では「おびらやま」と呼ばれている。

学術的にも貴重な山で、「自然環境保全地域」に指定され、地元ボランティア団体「エコ島牧」、島牧村、北海道、環境省、後志森林管理署が「大平山高山植物保護対策協議会」を組織し、2002年度から保護活動を続けている。同じ石灰岩の崕山（きりぎしやま）のように入山禁止にならないよう登山者のマナーの向上を祈る山でもある。

　登山道は自然保護の立場から刈り払いなどはされず、急登も多い。810㍍峰に登ると鋭い1109㍍峰の凛とした姿が目に飛び込んでくる。筆者の大好きなビューポイントだ。そのピーク手前の白い石灰岩の岩場が、この山ならではの多くの種類の花々が咲き誇る核心部だ。

　さらに、頂上までは踏み跡はしっかりしているが、何カ所か強烈なやぶこぎが待っている。山頂付近にも花畑が広がり、一等三角点の山らしい日本海や狩場山塊、さらには羊蹄山やニセコ方面の大展望が広がる。

　これまでに花目的で7月下旬から8月上旬に3度訪れている。いずれもなぜか異常な暑さとの闘いだった。一番印象深いのは、札幌を中心とした7名の岳友たちを案内して再訪した1999年。メンバーの1人が下山途中で熱中症に罹り、救助要請をした。地元の警察署、消防署、役場の方々に非常にお世話になった。

　無事回復して宿泊した山麓の宮内温泉（ぐうない）では、その10日前に達成していた筆者の「北海道百名山一人歩き完登」祝いのサプライズが待っていた。

（2014・7・14掲載）

おまけ情報

　この山の下山後に必ず寄る山麓の「宮内温泉」は、1971年から5年間、開園当時の旭山動物園（旭川市）の象の花子が、湯治をしたことで有名な温泉だ。クル病に罹って歩行困難になり、旅館の前の、大浴場や寝床のある「花子のおやど」で暮らして、暖かい本州へ旅立っている。

この山で多く目にするヤマルリトラノオ

まだ開き切る前のぽってりとしたオオヒラウスユキソウ

9合目から南狩場山ピーク（1464㍍）と左奥の頂上を望む

せたな町・島牧村

狩場山（1520㍍）

紅葉鮮やか　道南最高峰

草紅葉の広大な頂上稜線を行く

　道南で唯一、標高が1500㍍を超える狩場山。渡島半島の基部で、日本海へせり出した形でゆったりと雄大にそびえる狩場山塊の主峰である。山名の語源は、アイヌ語の「カリンパ・ウシ・ヌプリ」で、「桜・群生する・山」の意だ。

　「かり場山　今さかりなり桜花　蝦夷があつしの　袖にほふまで」。松浦武四郎が詠んだ歌が残り、山名の由来にも触れている。この山肌を美しく彩るエゾヤマザクラが当時の困難な旅を慰めてくれたのであろう。

　かつて、登山道が5本あった。しかし現在は、後志管内島牧村側からの最短の千走新道コース、檜山管内せたな町側からの真駒内コース、ほぼ両町村の境界尾根を辿る最長の茂津多コースの3本だけである。

　筆者がこの山に初めて登ったのは40年以上前である。職場の仲間4人

おまけ情報

　筆者は、この記事掲載後の2014年夏に、6名の仲間と共に千走川本流を遡っている。3度ほどロープを出してもらった。泳ぎの苦手な自分はパスしたが、ほかのメンバーは深い釜を泳いで突破していた。多くの花々が咲き乱れる源頭部の花畑で真駒内コースと合流して、山頂まで登り、新道コースを下った。

山頂の鳥居を囲んでの記念撮影

千走川本流を遡る

で狩場小屋に前泊して真駒内コースを登った。以来、今は廃道となった千走旧道コースも含めて8回登頂している。

　一番人気の千走新道コースでは夏、標高1200㍍付近から現れる雪渓と花畑が楽しみだ。フギレオオバキスミレ、ヨツバシオガマ、アオノツガザクラ、シナノキンバイ、エゾゼンテイカ、ハイオトギリなど。広大な山頂稜線に広がる花畑も楽しい。イワイチョウに縁どられた小さな親子沼のそばを越えると、赤い鳥居と祠と一等三角点の設置された頂上が迎えてくれる。

　秋は、北限近くのブナ、ダケカンバ、ミヤマカエデの黄葉、山名の由来であるエゾヤマザクラ、タカネザクラ、タカネナナカマドの紅葉、緩やかな頂上稜線の草原状に広がる黄金色の草紅葉とハイマツの緑とのコントラストが目に鮮やかだ。

　頂上からは、近くの大平山や遊楽部岳はじめ、積丹山塊、ニセコ連峰、羊蹄山、茂津多岬に延びる長大な尾根に目を奪われる。この尾根上の茂津多コースを歩いたのは、刈り払い終了の情報を得た翌日だった。長大さが気にならない快適な道だった。

　主峰を取り囲むフモンナイ岳、東狩場山、オコツナイ岳、カスベ岳、メップ岳には登山道はない。しかし豪雪地帯ゆえに春山スキー登山の最高のフィールド。筆者もそのすべてを踏破し、豪快な滑降を楽しんでいる。

（2013・10・14 掲載）

山は楽しい！

汗にまみれ、
自然いっぱいの静けさの中を、ひとり黙々と登る。
葉擦れの音、せせらぎの歌、野鳥のさえずりに耳を澄ませ、
可憐な花々との出会いに心躍らせる。

山頂に立ち、広大な眺望の中で
斜面を吹き上げてくる心地よい風に肌をなぶられ
眼を上げて、はるか彼方の山々の連なりを眺める。

そんな瞬間、
自分が浄化されたかのような陶酔感を味わえるだけでも、
山は楽しい。

From　函館
少年の心で山へ

道央の山

ニセコアンヌプリ・イワオヌプリ
チセヌプリ
シャクナゲ岳
目国内岳
雷電山
積丹岳
昆布岳
尻別岳
軍人山・化物山
羊蹄山
有珠山
伊達紋別岳
稀府岳
室蘭岳[鷲別岳]
カルルス山・来馬岳
オロフレ山
徳舜瞥山・ホロホロ山
樽前山・風不死岳
紋別岳
恵庭岳
漁岳
空沼岳
札幌岳
喜茂別岳
無意根山
余市岳
定山渓天狗岳
神威岳
八剣山
藻岩山
手稲山
奥手稲山・迷沢山
銭函天狗岳
春香山
塩谷丸山

倶知安町・ニセコ町

五色温泉をスタートしてニセコアンヌプリ西斜面へ

ニセコアンヌプリ(1308メートル)・イワオヌプリ(1116メートル)

時は流れ主役移る

　20代のころから、初滑りと滑り納めは必ずニセコだった。もちろんシーズン中も何度通ったか数知れない。しかし、最近は海外資本によるリゾート開発が加速し、スキーヤーも外国人ばかりで、すっかり様変わりしている。そのスキー場が集中するのがニセコアンヌプリだ。

　今でも、滑り納めで訪れることは多いが、その裏側の五色温泉を起点とした西斜面や北斜面とイワオヌプリの南斜面での春山スキーがほとんどになった。

　標高780メートルの鞍部を挟んで対峙する

ニトヌプリからイワオヌプリとアンヌプリを眺める

人気の両山だが、昔は、イワオヌプリの方が主役だった。江戸時代からその中腹で硫黄を産出していたからだ。松浦武四郎もアンヌプリを「岩内岳」と記している。「北海道殖民地撰定報文」(明治24年刊)の付図にはアンヌプリの位置に「硫黄山」と記されていると

紅葉に彩られた鏡沼からアンヌプリを望む

イワオヌプリのクレーター地形から頂上（右奥）を見上げる

いう。今でも硫黄川源流部には、かつて栄華を極めた「岩雄登硫黄鉱山」の遺構が随所に見られる。その遺構探索に一日を費やしたこともあるが、お勧めの探訪スポットだ。

アンヌプリが主役に転じたのは、交通機関が発達し、温泉とスキー場の開発が進んでからのようだ。以来、ニセコ観光の中心の山となっている。特に、この山から眺める裾野を長く延ばした羊蹄山は、富士山にそっくりのもっとも美しい姿だと思う。

しかし、その山頂には太平洋戦争中に、雪博士として有名な北大の中谷宇吉郎教授らのチームによる軍用機の着氷実験研究所が建設され、一般人が立ち入り禁止となったこともある。実験に使われたゼロ戦の主翼の残骸が2004年に回収されたのが記憶に新しい。

アンヌプリの頂上には、スキー場からスキーを担いで何度も登っていた。しかし、夏山は、子供たちがまだ小学生のころ、五色温泉上のニセコ野営場からの家族登山が最初だった。翌日にはイワオヌプリにも登り、硫黄や火山れき・火山灰むき出しの光景に驚嘆したのが懐かしい。

これらの山がもっとも輝くのは紅葉時期である。その中で特に印象に残っているのが、96年、新しく開削されたばかりの鏡沼コースからのアンヌプリ登山だ。初めて訪れた鏡沼一帯の静寂に包まれた雰囲気とアンヌプリの姿や湖畔の紅葉を映す湖面などの景観にすっかり魅せられた。

（2015・3・27掲載）

アンヌプリ山頂から眺める富士山そっくりの羊蹄山

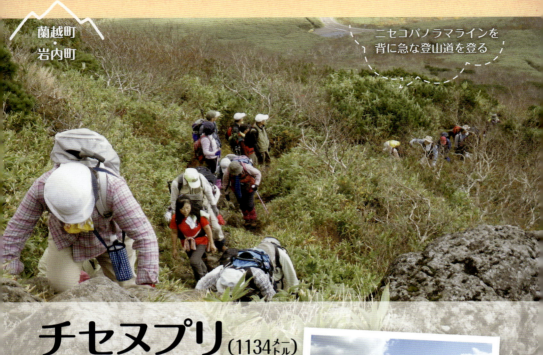

蘭越町・岩内町

ニセコパノラマラインを背に急な登山道を登る

チセヌプリ（1134メートル）

秋の長沼から望むチセヌプリ

沼巡りとセットで

　チセヌプリは、アイヌ語で「家形の山」の意。ニセコ連峰の中にあって、どこから見ても、なるほどと納得してしまう山容である。ニトヌプリとの鞍部を通るニセコパノラマラインの登山口からは、頂上までの標高差300㍍ほどである。

　これまでに数回は登っているが、この山単独で登ったことはない。ニトヌプリとのセットやニセコ連峰全山縦走などもあるが、筆者がお気に入りなのは、長沼と神仙沼の沼巡りとのセットである。ついでに、頂上にある火口内の2つの小沼もそれに加えたい。時期的には、紅葉が美しい秋がお勧めである。

　その中で一番の思い出は、2011年、スキーを中心としたシニアスポーツクラブ「函館ライフスポーツ」の秋の登山会で、28名を引率して登った「紅葉のチセヌプリと沼巡りの旅」である。筆者はコーチスタッフの一人であるが、春と秋の登山会の担当でもあ

る。

　下見もしていたし、楽に登れる山だと思っていたが、登山経験の少ない人たちにとっては、その急な登りと連続する大きな岩が大変だった。四肢を駆使して、お互いに助け合って登った。しかし、高度を稼げる分、一歩一歩で広がる展望に感動しきりだった。振り返れば、眼下にくねくねと走るニセコパノラマラインが見え、その向こうには、ニトヌプリ、イワオヌプリ、ニセコアンヌプリ、羊蹄山などが徐々にその姿を現してくれる。

　山頂は平坦な草地である。ニセコ連峰の端から端まで眺めながら、のんびり休憩を取った。見落としがちな火口底にできた2つの小沼にも案内した。夏には湿原性の高山植物の花々を目にできるところだ。なお、この山頂に設置されている三等三角点の名前は「袴腰」である。

　長沼と神仙沼へ向かう反対側への下りの道は岩もなく、楽に進むことができた。その後は、ぬかるみの多い道に

早春のニセコパノラマラインの除雪風景。後ろはチセヌプリ

苦労したが、長沼では、越えて来たチセヌプリを眺めながら昼食をとった。その後は快適な木道を歩き、草紅葉と周りの木々の紅葉が美しい神仙沼へ。

　仕上げは、バスで移動しての湯本温泉の大湯沼だった。周りの紅葉がちょうどピークを迎えていた。もうもうと湯気を上げる沼の遊歩道を歩き、雪秩父の温泉で疲れを癒したのはいうまでもない。

　なお、山スキーでも人気の山だが、なぜか機会がなく、15年4月上旬の春スキーが初めてだった。先にニトヌプリに登り、直接チセへ縦走する予定だった。しかし、ちょうどその鞍部付近のニセコパノラマラインの除雪作業最中だった。しかたなく、休業中のチセヌプリスキー場の下からあらためて登り直して、滑りを楽しんだ。次回は、ぜひパウダーの厳冬期に再訪したいものだ。　　　（2016・10・7掲載）

夏の神仙沼

蘭越町

目の前のビーナスの丘を越えて、左奥のシャクナゲ岳を目指す

シャクナゲ岳（1074メートル）

冬に映える円錐形の秀峰

　ニセコ連峰・チセヌプリ（1134メートル）の西に連なる美しい円錐形のシャクナゲ岳。山名の由来と思われるシャクナゲの群落は見当たらない。しかし、それはハクサンシャクナゲではなく、草丈ほどのキバナシャクナゲによるのかも知れない。

　この山に初めて登ったのは、神仙沼駐車場から人気の神仙沼と長沼を辿り、この山の根元にひっそりと佇むシャクナゲ沼を巡った時だった。シャクナゲ岳との分岐の先に忽然と現れるシャクナゲ沼。湖面の西側の谷間に収まって見える目国内岳（1220メートル）と一体化

春の雪面とダケカンバの新緑のコントラストが美しい。後ろはシャクナゲ岳

した景観は、いつ見ても絶景だと思う。

　その沼の手前から頂上までの標高差100メートルの道は、巨岩を四つん這いでよじ登る急登である。狭い頂上から広がるニセコ連峰やその周辺の展望がみごとだ。

おまけ情報

蘭越町営チセヌプリスキー場は、2013年末から営業を休止し、譲渡希望者を公募していたが、2016年末から、JRTトレーディング社によって、キャットスキー（雪上車利用のスキー）での営業を再開している。

なお、すぐそばの同じ町営の国民宿舎雪秩父は、2015年日帰り入浴施設・蘭越町交流促進センター雪秩父としてリニューアルオープンしている。

春のシャクナゲ沼 湖面の向こうに目国内岳を望む

　さらに、チセヌプリからの循環縦走、新見峠から白樺山経由でのピストン、さらには、2011年に念願を果たした1泊2日でのニセコ連峰全山完全縦走のときにもこの山を越えている。

　さて、この山の美しい円錐形が最も映えるのは冬である。チセヌプリスキー場のリフトを利用した雪山入門の人気の山だ。最近はスノーシュー登山者も増えているという。筆者も本格的な山スキー装備を揃えて初めて仲間に入れてもらって登ったのがこの山だった。

　リフトを降りて、雪をまとったダケカンバの疎林帯の中、チセヌプリを右に見ながら山裾を巻いて進む。目指すシャクナゲ岳の手前の丘はその名も美しい「ビーナスの丘」。その由来は不明だが、「なるほど！」と妙に納得してしまう雰囲気を呈している。見上げたシャクナゲ岳はかなりの急斜面。初めは直登するが、上の方では大きくジグザグを切って登る。

　狭い頂上は風が強くて落ち着かない。早速、大斜面滑降の準備に取り掛かる。勧められるままにトップを切ってノートラック斜面へ飛び出した。久しぶりのパウダースノー、膝丈くらいの深さだが、ゲレンデと同じ感覚でターンができるのがうれしい。後ろを振り向くと、みんなが喜々として滑り降りてくる。

　北風をかわせる場所で、目の前のチセヌプリを眺めながらの昼食。目の前をピョンピョンと跳ねていく白いウサギの姿が可愛い。さらに、ビーナスの丘を滑り降り、ダケカンバ林の中を西側からスキー場を目指す。最後はゲレンデを滑って大満足のゴールイン。疲れた体を山麓の温泉が癒してくれる。

（2013・1・18 掲載）

シャクナゲ沼越しに眺める山頂部

蘭越町・岩内町

南東斜面の標高900㍍付近から頂上を見上げる

目国内岳(1220㍍)
めくんないだけ

春スキーに病みつき

　長い裾を引き、山頂部に黒い岩塊を積み上げた姿は、ニセコ連峰西部の盟主の風格を感じさせる。山名はパンケ目国内川の源流部にあることが由来とされている。アイヌ語のメクンナイの意味は「山奥にある川」などの説がある。

　この山の存在を知ったのは、20代のころだった。スキー指導員の先輩から「毎年目国内岳で春スキーを楽しんでいる」とよく聞かされていた。しかし、それを自らの足で体感したのは、30年も経ってからだった。そんなこともあり、この山への山行は夏山より雪山の方が多い。

雪解けの遅い6月上旬、前目国内岳から山頂を目指す

　初めて登ったのは、一人歩きの山を始めたばかりの1992年の夏だった。新見峠から前目国内岳〜目国内岳〜パンケメクンナイ湿原〜岩内岳を往復した。しかし、山頂部の岩塊は恥ずかしながら高所恐怖症が頭をもたげ途中で断念している。

その根元から眺めた東に連なるニセコ連峰、羊蹄山が重なってひと塊になって見える景観がすばらしかった。また、パンケメクンナイ湿原と咲き誇る花々にも新鮮な感動を覚えた。

2011年の秋、ニセコ連峰1泊2日全山縦走の2日目は、午後から雨予報だった。テント泊した新見峠を真っ暗な3時前に出発した。岩内と蘭越の街の灯を眺めながらの夜間登山となった。山頂の岩塊をヘッドランプの光だけで、夢中になってよじ登っていったら、目の前に頂上標識が浮かび上がった。初めて登った時には怖くて辿りつけなかった頂上だ。

何度も楽しんでいる春山スキーは新見温泉が起点となる。中でも、HYML（北海道の山メーリングリスト）の仲間11人での山行が印象深い。そのときに、新見峠経由ではなく手前の新見の沢のスノーブリッジを渡って、862㍍峰の斜面から頂上へ繋がる大斜面を登るルートを知った。頂上からの大斜面に大半径のターンを刻み、862㍍峰からの疎林帯の斜面では樹間滑降を堪能することができた。それ以来このルートが病み付きになった。いつものことだが、下山後は新見温泉の雪壁に囲まれた露天風呂が楽しみである。

雪解けが異常に遅かった13年は、6月上旬でも新見峠から雪面が続いていた。6月にスキーの滑り納めをしたのは、60年近いスキー人生で初めてだった。　　　　（2014・3・28掲載）

頂上岩峰の下で春の陽光を浴びてくつろぐ

頂上岩峰からニセコ連峰〜羊蹄山までの重なりを眺める

おまけ情報

この山の拠点となった新見温泉郷の2軒の湯宿は、2016年3月で廃業した。しかし、翌年1月に別の業者により、「新見本館」の方が再開した。

なお、この目国内岳の周りには、一国内（いちこくない）〜七国内（ななこくない）という三等三角点名が7つ存在する。肝心の目国内岳の三角点名はその中の四国内である。前目国内岳は五国内。

また、その中の三国内（970㍍）は山スキー対象の人気の山で、『北海道雪山ガイド』にも掲載されている。筆者も1度だけ、登って滑りを楽しんでいる。

岩内町
蘭越町

途中で山スキーからアイゼンに履き替えて平坦な頂上を目指す筆者

雷電山 (1211メートル)

平らな頂上　大雪原

2011年秋に念願を果たしたニセコアンヌプリからのニセコ連峰全山一泊縦走ではこの山が最西端の山だった。どっしりとした台地状の山ではあるが、その先は、荒々しい断崖となって日本海へ落ち込み、景勝地雷電海岸を形成している。

江戸時代末期〜明治初期の岩内と寿都間の往来は、蝦夷地三嶮道の1つといわれた、この山の雷電峠を越えなくてはならなかった。峠の岩内側ある朝日温泉は、山越えする人々のための峠の茶屋や駅逓が置かれて随分とにぎわったという。その後、仙境の秘湯と

スキーをデポした1046メートル峰から左奥の前雷電と1161ピークを眺める。頂上は1161ピークの陰

して、水上勉の推理小説「飢餓海峡」にも登場するが、現在は閉鎖されているのが寂しい。

気になる山名の由来だが、アイヌ語のライテム（焼けてうなる）、ライ・ニ（枯れ木）、ラエンルム（低い出崎）、

平らなハイマツ帯の頂上。
その上にニセコ連峰のピーク
と羊蹄山が見える

さらに、義経伝説に因んだ「来年」が「雷電」になったという説もある。

筆者がこの山を初めて訪れたのは1993年の夏。当時まだ営業していた朝日温泉から出発。このコースは、日本山岳会の大御所今西錦司氏の来訪に合わせて開削されたコースで、今でも「雷電今西ルート」と呼ばれている。89年の「はまなす国体」の山岳競技も実施されている。

長く急でワイルドな登山道、前雷電から眺めたコックリ湖と狩場山塊までの海岸線の眺望、平らなハイマツ帯の中の登頂感のない頂上。山頂から眺めた羊蹄山とその手前に連なるニセコ連峰の重なりなどが深く印象に残る。野趣味満点の温泉で疲れを癒したのは言うまでもない。

再訪は、それから4年後の初秋、岩内岳からの往復だった。途中の通称幌別岳付近の高山植物と、その先に忽然と現れる五ツ沼湿原がチャームポイント。頂上手前の南側が崖となって切れ落ちる斜面に広がる花畑と展望の中でのんびり過ごしたことが懐かしい。

4回目の登頂は、好天に恵まれた2012年3月中旬。かねてから地形図を眺めては、末広がりの長い南斜面をスキーで滑り降りたらどんなに楽しいだろうとずっと温めてきた計画だった。

途中まで除雪が入っていたコックリ湖への林道から取り付いた。1046㍍峰でスキーからアイゼンに履き替え、さらに頂上を目指した。頂上稜線は広大な一面真っ白な大雪原が広がっていた。一番高そうな地点を探してウロウロした。360度遮るもののない快晴下の大展望に酔った。

一番楽しみにしていたスキーでの滑降は、気温の上昇で新雪が重いベタ雪に変わり、思うように滑ることができなかった。　　　　（2013・3・15 掲載）

眼下のコックリ湖と
日本海の入り組んだ
海岸線を眺める

積丹町

北尾根ルート700メートル付近の筆者。後ろはこれから越える916メートルピーク

しゃこたんだけ
積丹岳（1255メートル）

滑降　標高差 1100メートル

　ぐるりと断崖で囲まれた積丹半島の語源は、アイヌ語の「サク・コタン」（夏の・村）に由来する。昔はアイヌの人たちも厳しい冬を避けて、夏場だけやってきて漁をしていたのだろう。

　半島の先端部に1000メートル級の山が5山集中している。筆者はその全てを踏破しているが、その中で、唯一登山道があり、「ポロ・エプイ」（大きな・凸山の意）というアイヌ名まであるのがこの積丹岳。しかし、残念ながら、最高峰は一等三角点のある余別岳に譲っている。

　そんな積丹岳に初めて登ったのは

古平港から眺める春の積丹岳

1994年の夏だった。6合目辺りから登山道が濃密なチシマザサに覆われ、見通しのきかない中、汗だくになってがむしゃらに掻き分けて進んだ。「ようやく抜けた」と思ったら、そこはすでに頂上だった。

　山頂は岩が露出し、周りの斜面は昔の山火事跡で白骨状のハイマツの広がりが異様だった。西隣の余別岳などの

頂上から
余別岳を望む

積丹の山々、岩内湾を隔てて羊蹄山やニセコ連峰、内陸には余市岳や無意根岳など、日本海の水平線の広がりも見事だった。

　再訪は、8年後の5月上旬、札幌の岳友 gan さんと2人で残り少ない残雪をつないで余別岳を目指した際、積丹岳を経由した。8年前にやぶこぎで苦労した斜面は、雪で覆われて、好きなように歩けてうれしかった。積丹岳～余別岳の稜線は意外と雪が少なくて、途中何ヶ所かやぶこぎを余儀なくされた。

　往路の積丹岳頂上で岩陰の雪の中に缶ビールを隠していった。楽しみにして戻ってきたら、中身が消えていた。あとでやってきた登山者がその岩の上に上がった際、缶に穴が開いたらしい。その時の gan さんの残念そうな顔が今でも忘れられない。

　3度目の積丹岳は、2012年4月中旬、海へ向かって標高差1100㍍の滑降が楽しめるという北尾根ルートからだった。標高350㍍より上部では樹林も薄く、展望も尾根の見通しも良く、非常に開放的なルートだった。

　頂上からの滑降は、斜面がザラメ雪で覆われ、ほどよい解け方で気持ちよいターンを刻むことができた。1121㍍峰の東側を巻くと、その先に最高の尾根斜面が広がっていた。うれしくなって滑り降りたら、登りのトレースがないことに気づく。目を左に転じると広い源頭斜面の向こうに本来の北尾根が見えた。急で長い源頭斜面上部を斜滑降でこわごわ横切ってようやく本来の尾根に戻った。その後も、好きなようにターンを楽しめる斜面がずっと続いていた。

　この山は日本海に面しているので、厳冬期は風雪が厳しいことで知られ、かなり厳しい登山となる。現在救助側の賠償責任で係争中の事故も起きている。お勧めはやはり残雪期だ。

（2013・4・12掲載）

頂上から
海岸線を望む

豊浦町・ニセコ町

小花井ルートの東尾根911㍍ピークから眺める頂上ピーク

昆布岳(こんぶだけ)（1045メートル）

天突くピーク　凛と

　ニセコ周辺や洞爺湖周辺からはすぐにその山だと指呼できる、天を突く独特のピークを持つ独立峰的な千㍍峰である。内陸にありながら、なぜ海藻の昆布なのかは、非常に興味をひかれるところである。

　山名は、アイヌ語のトコンポヌプリ（小さなこぶの山の意）に由来するという説がある。あの独特のピークをアイヌの人たちがトコンポと呼んだのは納得できる。昔は「混保岳」と表示され、その後、昆布岳に変化したらしい。地名の昆布もこれに由来するようだ。

ニセコ町宮田地区から眺める昆布岳

　しかし、北海道アイヌ政策推進室の「アイヌ語地名リスト」には、コンポヌプリ（昆布？の山の意）という説も示されている。昆布はアイヌ語でもコムプと発音されるらしい。それに関係するのか、その昔、津波が押し寄せて、昆布が山上の木に引っ掛かっていたことによるという説や、アイヌの人たちが海産物を持って来て農産物との

5合目付近の紅葉に彩られためがね岩

おまけ情報

　5合目付近に突然現れる「めがね岩」は、自然が造ったアーチ橋である。波打つような水平の不連続面とそれにほぼ直交する板状の節理が見られる。アーチの部分は水平不連続面が上に凸となっていてアーチ効果を発揮している。
（「北海道地質百選」のサイトより引用）

物々交換をして、道の目印として立ち木に昆布をしばりつけて歩いたことによる、との説もある。

　この山に豊浦側から登山道が開かれたのは平成に入ってからである。1993年発行の改訂版『北海道夏山ガイド』（北海道新聞社）で初めて知って、その夏にすぐに登った。

　その後、夏には3回登っているが、8合目までは展望もなく、登山道も変化に乏しく面白みに欠ける。唯一のチャームポイントは、5合目付近のめがね岩だ。しかし、9合目から見上げる頂上直下の迫力とそこまでの変化に富んだ急登で名誉挽回となる。頂上はさすが一等三角点の山らしく、360度の展望がすばらしい。ニセコ連峰、羊蹄山、噴火湾などがぐるっと見渡せる。20年以上たった今なお健在な昆布の形をデザインしたユニークな頂上標識が面白い。

　冬山は、後志管内ニセコ町宮田からの小花井ルートを山スキーで単独で登った。700㍍付近まではだらだらした長丁場のルートである。しかし、天を突く凛とした頂上のピークに近付いていく楽しみに救われる。

　ピークへの急な部分は、スキーをアイゼンに履き替えて、雪崩を引き起こさないように恐る恐る直登した。頂上標識は分厚いエビのしっぽで覆われて団子状態になっていた。それをストックでたたき落として、その前で万歳をして喜びに浸った。

（2015・1・16 掲載）

昆布をあしらったユニークな頂上標識

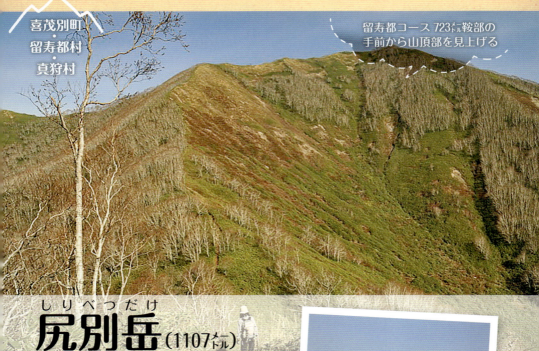

喜茂別町・留寿都村・真狩村

留寿都コース 723メートル鞍部の手前から山頂部を見上げる

尻別岳 (1107メートル)
しりべつだけ

羊蹄山との夫婦山

　筆者は、葉がすっかり落ちて明るくなった林の中を、登山道に積もった落ち葉をガサガサ蹴散らしながら歩くのがとても好きだ。ましてや、小春日和で、雪化粧した遠くの山々を眺めながら歩けたら最高である。

　そんな楽しみを味わいたくて、尻別岳に登ったことがある。上半分を雪化粧した羊蹄山を眺めながらの贅沢な山行だった。

　国道230号・中山峠から後志管内喜茂別町に下る途中、正面に見える小型の羊蹄山のような急峻な山だ。分かっていても羊蹄山と間違うことがある。

喜茂別町中里地区からは尻別岳(左)と羊蹄山(右)がほぼ同じ大きさに見え「双子羊蹄」と呼ばれている

しかし、南西麓には長い尾根を張り出して、ルスツリゾートスキー場の橇負山（そりおい）と繋がっている。

　この山名は、尻別川の上流に位置することに因るようだ。尻別の語源は、シリ・ペッ（「山の・川」の意）で、後志（シリベシ）の語源も同じらしい。

　なお、アイヌの人たちは、羊蹄山を

女山のマチネシリ、この山を男山のピンネシリと呼んでいた。ほかでは大きい方をピンネシリと呼ぶことが多いが、この両山は極端な「蚤の夫婦」だ。

この山に初めて登ったのは、今は廃道化している喜茂別コースからだった。見た目通りの急傾斜だった。ところどころに設置されたロープを利用し、あえぎながら登った。樹間から眼下にちらっと見えた喜茂別市街地の広がり、9合目に立ちはだかる大岩が印象的だった。

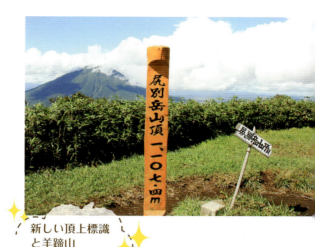

新しい頂上標識と羊蹄山

その後、留寿都コースの整備が進み、こちらがメジャーなコースとなった。開放的で、夏には花の多いコースだ。葉が落ちて白い幹だけになったダケカンバ林を抜けると、頂上まで見通せる明るい草原状の尾根道に出る。723㍍鞍部からは、この山らしい厳しい急登が続く。300㍍ちょっとの高度差だが、その手前から見上げる山の形が一番好きだ。

尾根の西側はダケカンバ林で、その間から羊蹄山がのぞく。東側は赤茶けた枯れ草が広がる雪崩斜面で遮る物がない。洞爺湖周辺や噴火湾越しの駒ヶ岳など、さらに高度を上げると、頂稜を白くした支笏湖周辺の山々も見えてきた。

唯一残念なのは、平坦な草原状の山頂一帯が平地の植物のオオバコに覆われて、高山にいる感じがしないことだ。

（2013・11・25 掲載）

眼下に広がるルスツリゾートとスキー場の貫気別岳（左）と橇負山（右）

留寿都村・真狩村

化物山から望む軍人山(左)と尻別岳

軍人山(561メートル)・化物山(375メートル)
ぐんじんやま・ばけものやま

名の由来にも興味

この2山の名前を見て、すぐにその山や場所を特定できる人はかなりマニアックな方である。

軍人に化け物と言えば、昔の兵隊の幽霊をイメージしてしまいそうな珍名山だ。しかし、国土地理院発行の地形図に記載されているれっきとした山である。しかも、直線距離で5㌔しか離れていない。標高からしても、登山の対象にはなりにくい山ではあるが、周りの山々がそれなりの雪で覆われてしまう時季には、このような里山巡りも楽しいものだ。

筆者としては、山名以外にも、山頂

農道を軍人山へ向かう

などを基点に直線で結ばれたこの辺りの町村境界線にも興味を抱く。これも全国的に珍しいらしい。羊蹄山頂上と尻別岳頂上を結ぶ直線が、真狩村と喜茂別町の境界線で、尻別岳頂上とこの軍人山と化物山を結んだ直線が留寿都村と真狩村の境界線である。空中に境

界線があるような気がして、思わず空を見上げてしまう。

　さて、軍人山だが、尻別岳の直ぐ西側に位置し、頂上に放送施設のある小山だ。名前の由来を留寿都村役場に尋ねると「言い伝えですが、昔この山で軍事訓練が行われたことによるらしいです」とのこと。

　留寿都市街地から尻別岳の西側を通って喜茂別へと続く道々257号を少し走ると左手に「南羊蹄テレビジョン放送局入口」の看板が立つ。そこから農道を進み、その先の管理道路を辿るとほどなく頂上に着く。

　白いテレビ電波中継所と高いアンテナが建つ頂上には、三等三角点（点名・丸山）と町村境界石のみ。しかし、目の前にそびえ立つ羊蹄山は圧巻だ。

　次に、留寿都市街地を経由して化物山へ。市街地の西方に位置する小高い丘といった感じの山である。誰しも興味を覚えるであろう山名の由来を役場に尋ねたら、「この山で磁石が狂うという言い伝えによるようです」とのこ

農道から化物山東斜面を望む

と。

　そのそばを通過する村道北4線から頂上までの東斜面は明るい植栽地になっている。その中を適当に登ると、あっけなく三等三角点（点名・化物山）の設置された頂上に到着した。

　早速磁石を取り出して三角点標石の上に置いてみた。しかし、三角点の示す方角とまったく同じで狂いはなかった。残念！

　なお、西尾根伝いにある小ピークの鬱蒼（うっそう）とした林の中には、廃屋と古い鳥居と神社が建っているとのこと。いかにも怪しげな雰囲気だそうだが、地形図に点線で記載されているそこへ至る道はすでに痕跡もなく深いササやぶで覆われていた。

　下山後、近くで農作業をしていた家族にも、この山の由来を聞いてみた。役場と同じ答えが返ってきた。そのご主人が、「何か、もっといい化け物でもいれば面白いのにな〜」と笑っていた。
　　　　　　　　（2012・11・30 掲載）

軍人山山頂から、目の前にそびえ立つ羊蹄山を望む

- 倶知安町
- ニセコ町
- 真狩村
- 喜茂別町
- 京極町

ニセコの大地をスクリーンにした影羊蹄

羊蹄山（1898メートル）

紅葉の移ろいと影羊蹄

　北海道を代表する蝦夷富士こと羊蹄山は、富士山そっくりの典型的な成層火山だ。どこから眺めても端正な形だが、筆者がこの山が最も美しいと感じるのはニセコアンヌプリ頂上から眺める裾野を長く引いた姿だ。

　日本書紀に「659年に阿部比羅夫が後方羊蹄（しりべし）に政庁を置いた」と記され、松浦武四郎がこれをもとに後方羊蹄山（しりべしやま）と名付けた。自ら登ったと記された『後方羊蹄日誌』は、最近の研究によると、実際には登ってはなく、武四郎の創作だということが定説になっているそう

喜茂別方向からの初夏の羊蹄山

だ。後方（シリヘ）羊蹄（シ）で、シは雑草のギシギシの古名である。

　「ようていざん」という呼び名が定着したのは、国土地理院の1969年（昭和44年）11月発行の地形図から「羊蹄山」と書き換えられてかららしい。

　アイヌの人たちは、マッカリヌプリ（川が後ろを回流する山の意）もしく

頂上から洞爺湖を眺める

は、マチネシリ（雌山）と呼び、南東隣にある尻別岳をピンネシリ（雄山）と呼んだ。

　筆者がこの山に初めて登ったのは、67年6月末、大学2年のときだった。山好きの瀬川教授に連れられて、研究室の8人で比羅夫駅から歩いて比羅夫コースを登った。キャラバンシューズなるものを買って初めての本格的な登山だった。今のような装備もなく、汗で濡れたセーターがバリバリに凍り付き、当時、まだ頂稜にあった避難小屋に飛び込んだのを記憶している。

紅葉に彩られた噴火口（父釜）

避難小屋の前から紅葉斜面を見上げる

雲海の上のご来光を眺める

次に登ったのは、86年。小学5年生の長男を連れて、やはり比羅夫コースを登った。当時は若かったのに、今より辛かったように思う。

　その後40代後半から山にハマって以降、4本あるコースを10数回は登っている。厳冬期の頂上は踏んでいないが、春山スキー登山で真狩コースと京極コースから登り、噴火口の中の滑降と頂稜からの標高差1500㍍の大滑降も楽しんだ。頂稜を彩る花々は6月後半〜7月上旬。道内ではこの山でしか見られないオノエリンドウとの出会いは8月後半ごろだ。

　特に筆者が好きなのは、高度変化に伴う紅葉と秋から冬への移ろいを楽しめる9月下旬。この時期のお勧めは、避難小屋に一泊してのご来光登山。凛とした寒さの中、ヘッドランプを点けて霜柱を踏んで頂上へ向かう。BGMが欲しくなるような雰囲気の中でご来光ショーを堪能。その足で頂稜を西側へ廻ると、ニセコの大地をスクリーンとした「影羊蹄」と対面できる。

　2012年秋、新しい避難小屋に建て替えられるという情報のもと、最後のつもりで小屋泊まりを楽しんだ。しかし、工事の気配すらなかった。聞いたら、入札の関係で来年以降になるとのことだった。　　　（2012・9・22掲載）

8月に見られるオノエリンドウ

おまけ情報

　新しい避難小屋が完成したのは2014年。これまでの100人収容から40人収容と半分以下の規模になった。筆者が泊った感想としては、20名を越えるとかなり手狭な感じの造りである。管理人の常駐は6月中旬〜10月中旬。宿泊1000円、休憩300円。水も食料もないので必ず持参のこと。

　2016年現在、古い小屋の解体が始まっていた。跡地はテントサイトになる予定らしい。

こじんまりとなった新しい避難小屋

壮瞥町

南外輪山展望台から望む
有珠山山頂部と銀沼火口

有珠山(733メートル)

大自然の驚異体感

　多くの登山者を巻き込んだ今秋（2013年）の御嶽山の噴火で活火山の観測体制や噴火時登山客用の避難施設などが見直されようとしている。この有珠山は、有史以来7回、20世紀だけでも4回もの噴火を繰り返している我が国有数の活火山である。

　今でも印象に残っている1977年の大爆発以前は、二重式火山の直径約2キロの外輪山の中に大有珠と小有珠の2峰と銀沼があり、火口原には乳牛が放牧され、原生林で覆われた緑の楽園だったという。

　しかし、この噴火で有珠新山とオガ

火口原展望台からの小有珠と
有珠新山

リ山が出現して、山容が大きく変わり、現在に至っている。さらに、わずか23年後の2000年には、有珠山の南西側に位置する「西山」の麓から噴火し、洞爺湖温泉街の背後「金比羅山」に次々と新たな火口を開けた。同年の噴火時には、噴火を予知して、住民避

難につなげ人的被害を未然に防いだことでも知られている。

　また、09年には、「洞爺湖有珠山ジオパーク」として、日本初の世界ジオパークに認定された。体験学習を通して、「変動する大地と人間との共生の歴史」を学べるよう工夫されている。

　この山を初めて訪れたのは94年の春だった。有珠コースから南外輪山へ登った。外輪広場に到着すると、そこまでの芽吹きの新緑に覆われた山肌とは別世界の光景が広がっていた。有珠新山、オガリ山、大有珠、小有珠の生々しい山容、その根元の火口群からもうもうと噴き上がる噴煙と、火口原の火山灰地の中で立ち枯れている木々などの荒々しい光景に、地球の営みや火山、大自然の驚異を体感した。

　再訪は、2000年の噴火による規制が解除された後の06年。前回の登山道は車道だったが、快適な遊歩道ができていた。有珠新山を中心とした溶岩ドームと12年ぶりの対面だった。緑

有珠山火口原展望台から見下ろす昭和新山

が増え、噴煙も少なくなってはいたが、火山としての迫力は健在だった。

　しかも、ロープウエイ山頂駅まで「外輪山遊歩道」も整備されていた。急な600段もの木の階段を登り切ると、大有珠を目の前にした観光客で賑わう「有珠山火口原展望台」に到着。昭和新山を上から見下ろすのは初めての経験だった。

　それ以来、雪の遅いこの山は、晩秋から初冬に掛けて気軽に楽しめる山として何度も訪れている。

（2014・11・14掲載）

小有珠の左奥に望む洞爺湖と羊蹄山

おまけ情報

　この有珠山や洞爺湖周辺には、筆者もすべて歩いているフットパスが6コース整備されている。①中島1周探検コース　②金毘羅と西山コース　③財田・田園と湖畔を巡るコース　④四十三山コース　⑤洞爺湖展望と果樹園コース　⑥有珠外輪山コース。

伊達市

山頂からは洞爺湖一帯の大展望が広がる

伊達紋別岳（715メートル）
（だてもんべつだけ）

手軽に登れ　絶景魅力

　「北の湘南」と呼ばれる伊達市は、温暖で道内随一の寡雪地域である。その市街地のすぐ後ろにそびえるのが伊達紋別岳。雪が遅いので、晩秋から初冬に掛けても非常に人気の高い山だ。

　地形図では紋別岳となっているが、支笏湖畔の紋別岳と区別するために伊達紋別岳としているようだ。山名の由来となる紋別川が北面を流れている。語源はアイヌ語のモ・ペッ（静かな・川の意）だ。しかし、地元では古くから東山と呼んでいたようだ。頂上にある二等三角点の名称はその東山となっている。

登山道を彩る5月のシラネアオイ

　この山に登山道ができたのは、1984年（昭和59年）。麓にある障がい者支援施設「太陽の園」の園生や父母らが2年掛けて7合目ピーク（644メートル）まで整備したのが始まりだ。その年の6月3日の山開きには、450名もの市民と園生が参加したとのこと。全員に配

道央の山

おまけ情報

この山に登った後に必ず寄るお気に入りの源泉かけ流しの穴場的な温泉がある。それは、伊達市営多目的研修集会施設 弄月館（ろうげつかん）。開業は1984年。温泉の地熱エネルギーを農業利用に開発したところ、ビニールハウスに供給してなお相当な余剰があったため保養にも役立てようと浴場が誕生したとのこと。それゆえ施設は観光向けの過剰な装飾とは無縁の素朴な温泉である。大人440円。

広大なササ斜面の稜線を行く

布された園生手作りの記念品には「東山登山記念」と書かれている。

　その後、頂上までの登山道を開削して延ばしたのは、伊達歩くスキー協会である。それ以降、とても丁寧な整備と管理を続けていることに頭が下がる。

　里山気分で登れることと、羊蹄山をバックにした洞爺湖一帯と伊達市街地や内浦湾などの大展望がこの山の魅力であろう。7合目の「いっぷく広場」の先から目の前に広がる広大なササの斜面とその中にくっきりと続く稜線上の美しい登山道は、この山ならではの大好きな眺めだ。初夏にはその道端をシラネアオイの群生や様々な花々が彩

り、まさに天国への道となる。

　その両側に広がる展望を楽しみながら、頂上より少し高い前紋別岳を含む小さなアップダウンを越える。山頂に着くまでの歩きは、稜線漫歩の極みである。

　この山に初めて登ったのは12月後半だった。登山口付近にはほとんど雪はなかったのでツボ足で登った。朝日に輝く霧氷がとてもきれいだった。徐々に雪が深くなり、7合目から先の稜線には雪庇も発達し、意外に多い積雪に驚いた。

　その時の印象もあり、12年2月、広大なササ斜面の滑降狙いで出掛けた。しかし、7合目まで登って眺めたその斜面はササが頭を出したままで、スキーには適さない山だと思い知らされた。　　　　　　（2013・12・13 掲載）

初冬の前紋別岳から頂上を望む。左は有珠山

71

伊達市

前稀府岳から続く登山道の先に頂上を望む

稀府岳（702メートル）
まれっぷだけ

林を抜けると、広大なササの斜面が広がる

登山道整備　人気上昇

　国道36号を走ると、伊達市の背後に、伊達紋別岳と連なって見える南隣の山が、最近人気急上昇中の稀府岳である。

　筆者も執筆者の一人である2011年発刊『北海道雪山ガイド・増補改訂版』（北海道新聞社刊）に、「白鳥湾の絶景に魅了される」初級の雪山として紹介され、同年秋には「だて・ビスタリ〜山の会」の安田一厚会長ら有志によって登山道が開削され、同会が毎年整備を続けている。手軽に登れ、展望も良く、一気に夏冬を通して楽しめる山となった。

　筆者の初登は、02年12月上旬、やぶをこいでの登山だった。当時のネット上で唯一見つかった情報が「登山道や踏み跡はないが、頂上までそれほどきつくないササやぶこぎで登頂できる」という登別山岳会のものだった。そのルートを参考に南西尾根の雪がかぶったササやぶをかき分けながら登った。

ガマ岩展望台から
伊達市街地を眺める

　GPS（携帯型の衛星利用測位システム）を初めて購入して臨んだ、記念すべき山でもある。踏み跡もない下りの広い尾根や林の中のやぶこぎで、その威力を確認することができてうれしかった。ただ、やぶこぎに夢中になり、展望を楽しむ余裕はなかった。

　再訪は、登山道ができた2年後の11月中旬。早い雪に覆われた快適な登山道は、11年前に登ったルートとほぼ同じところに付けられていた。尾根へ向かう急な登りでひと汗かくと、「お尻愛の木」というウイットに富んだ標識が現れる。二股に分かれた幹の形にお尻がすっぽり収まることが由来らしい。腰掛けてみて納得。

　樹林帯を抜けると広大なササの斜面に出る。その上の「ガマ岩展望台」からは、伊達市街地や有珠山、室蘭の柄鞆半島と白鳥湾、噴火湾を挟んで駒ケ岳や恵山までの大パノラマが広がる。

　621ピークには「前稀府岳」の標識が立ち、その左奥に目指す頂上が姿を現す。うっすらと雪をかぶった緑色のササ尾根に一筋の白い道が頂上までくっきりと続いていた。頂上は広く刈り払われて、立派な標識が立っていた。雪で覆われたササやぶだけの前回に比べたら天国だ。眼下に広がる展望を心ゆくまで堪能したのは言うまでもない。

　最近は、反対側の尾根の端に屹立（きつりつ）する天狗岩への縦走記録も目にするようになった。残雪期にでも、ぜひ挑戦してみたいものだ。（2015・11・20掲載）

白鳥湾と白鳥大橋
をズーム

おまけ情報

　伊達市街地から稀府岳の北尾根末端のピークを眺めると、てっぺんにポコッと出っ張った目立つ岩が見える。これが地形図にも載っている天狗岩（522メートル）である。この記事が掲載された10日後に、稀府岳からその天狗岩までやぶをこいで縦走し、林道からマウンテンバイクで登山口まで戻った。天狗岩の高さは10メートル以上はあるようだ。地中から突き出ているのではなく、岩の上に立っているだけの感じだった。

　2016年には縦走路もできたらしい。

室蘭市・登別市

山頂付近からは眼下に室蘭港が広がり、内浦湾越しに駒ヶ岳と横津連峰も

室蘭岳[鷲別岳]（911メートル）
むろらんだけ　わしべつだけ

眼下に広がる内浦湾

　室蘭市の北側に位置し南面になだらかな裾を広げている室蘭岳。国土地理院発行の地形図ではずっと鷲別岳となっていたにもかかわらず、室蘭岳の呼称が定着して来た。

　この山で最も気に入っているのはなんと言っても頂上からの大パノラマ。眼下に広がる室蘭港や白鳥大橋を中心とした市街地。その先に広がる太平洋と穏やかな内浦湾、それを挟んだ駒ヶ岳や横津連峰から恵山までの連なりがうれしい。北側には羊蹄山とニセコ連峰、東側には樽前山など、なじみの支笏湖周辺の山々が目いっぱいに広がる。

立派な標識と鐘が設置されている頂上

　さらに、特筆すべきは、「室蘭岳」と芸術的な彫刻が施された巨大な頂上標識。日本三百名山を登り終えた筆者だが、これほどみごとな標識はついぞ目にしたことがない。ひょっとすれば日本一の頂上標識かも？

　この標識や山名の呼称へのこだわり

道央の山

にも現れているが、室蘭市民に非常に愛されている山である。標高に因んだ9月11日が「室蘭岳の日」として定着しつつあるという。雪が少ないこともあり、冬期間も多くの登山者で賑わっているらしい。

　筆者がこの山を初めて訪れたのは、台風一過の秋晴れの日だった。「白鳥ヒュッテ」の管理人から、登山コースのパンフレットをもとに丁寧な説明をいただいた。その口ぶりにはこの山への熱き思いがほとばしり出ており、感動したことが印象的だ。

　当時開削されたばかりの水元沢コースを登り、西尾根コースを下る一巡ルートを選んだ。苔むした岩と清流と紅葉が演出する幽玄の中、ボタボタと落ちる音がドングリだと分かるまではビクビクしながら登った。混雑する頂上には畏れをなし、休憩はパスして西尾根コースへ。

　快適な尾根道を次々と登ってくる登山者の数にも驚いた。展望の良い825メートルのコブでようやく腰を下ろして休憩した。

東隣のカムイヌプリまでの縦走路も整備されている

　人気の南尾根（夏道）コースも初夏と晩秋の2回登っている。上部のダケカンバの純林が見どころ。初夏は白い幹と若葉のコントラスト、晩秋はモノトーンの林の中を落ち葉を蹴散らしながらの歩きを楽しんだ。

　最初のとき、頂上で沢登りスタイルの一団に会った。当時は自分には縁のない世界で羨望の思いで眺めたものだった。聞くと、裏側に裏沢と呼ばれる沢コースがあるという。覗き込むと南側のなだらかな斜面とは対照的な岩の崖の急斜面だった。

　それから17年後、室蘭の岳友なかよしさんと森田さんと3人でその裏沢を遡り、カムイヌプリ（750メートル）への縦走路から滝沢を下る沢縦走を楽しんだ。自分の山歴のステップアップを実感できた山でもあった。

（2012・11・16 掲載）

裏沢を遡って頂上へ

登別市・壮瞥町

切り開かれて新しく命名されたカルルス山山頂にて

カルルス山（1075メートル）・来馬岳（1040メートル）

無名峰　新たに命名

　登別市と胆振管内壮瞥町が接するオロフレ峠の展望台からは、かつて1077メートル峰（通称バケモノ山）に通じる道があった。個人が登山道を開削し、山頂碑も建てられていた。しかし、そのピークは支笏洞爺国立公園内にあり、本来勝手に登山道を開削したり工作物を建てたりすることは許されない。

　これに対して、森林管理署や環境省の意向により、2009年に登別山岳会が1077メートル峰から約300メートル西側の国立公園区域外のルートに変更し、隣接する標高1075メートルの無名峰を「カルルス山」と新たに命名し、来馬岳までの縦走路

カルルス山登山口の上から眼下の展望台駐車場と羅漢岩、奥のオロフレ山を眺める

も整備した。現在は1077メートル峰への登山道は閉鎖されてやぶで覆われているが、山頂の構造物はまだ残っているらしい。

　来馬岳は、縦走路ができる前に、5合目までサンライバスキー場の中を登

おまけ情報

来馬岳の登山口となるカルルス温泉入口の駐車場から「神秘のカルデラ湖・橘湖」への遊歩道（イメージは登山道に近い）が整備されていて、湖を一周することもできる。湖面までの所用時間は約20分。国内唯一個人の所有地にある湖で、周囲は広葉樹の深い原生林に囲まれていて、お勧めの探勝地である。

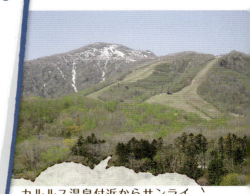

カルルス温泉付近からサンライバスキー場と来馬岳を眺める

るカルルス温泉コースから2度訪れている。山頂からは、近くのオロフレ山や徳舜瞥山・ホロホロ山のほか、洞爺湖や支笏湖周辺の山々が見渡せるが、一番新鮮な眺めは、倶多楽湖と橘湖の2つのカルデラ湖だった。

縦走路はオロフレ展望台側から2度往復している。最初は、縦走路などが整備された後の10年秋だった。登り始めて振り返ると、眼下の駐車場を挟んで、オロフレ山が見えるが、その手前の羅漢岩と赤茶けた地肌をむき出しにした展望台下の崖と一体化した迫力ある眺めは圧巻だ。

たまたま前日にササ刈りが行われたばかりで、快適な縦走を楽しむことができた。違法な登山道跡との分岐の先の階段を登ると、きれいに刈り払われた無名峰に真新しい「カルルス山」という立派な標識が立っていた。縦走路途中の大きな岩は「展望台」となっていて、目指す来馬岳の姿や周りの山々が見渡せた。

この時は「日本三百名山」を登り終えて新聞で紹介されたばかりだった。記事を目にしたという札幌のMさんと出会い、同行することになった。共通の知人もいたり、同じクロスカントリースキー大会にも出ていたことがわかり話が弾んだ。

2度目も、登り始めようとしたら、オロフレ山から室蘭の岳友なかよしさんが下りて来た。お互いに期せずして道連れができた。このときは、初夏だったので新緑と道端の花々を楽しみながら歩くことができた。

（2016・6・17 掲載）

縦走路の途中からオロフレ山を眺める

白老町・壮瞥町

端正な頂上を目指して、スキーで970㍍鞍部付近を進む筆者

オロフレ山（1231㍍）

夏優しく、冬厳しき山

　道内を探しても、標高1000㍍を超える山で、山頂までの標高差がわずか300㍍しかない山はこのオロフレ山以外には見当たらない。それだけに初心者や家族連れでも、高山の雰囲気を堪能できる貴重な山である。

　登山口は、標高930㍍の旧オロフレ峠の大観望と呼ばれる展望台にある。ここは、道道洞爺湖登別線の旧道の峠である。1988年（昭和63年）、オロフレトンネルが開通するまで使用されていた。現在はそこで行き止まりになっている。

　太平洋、倶多楽湖、洞爺湖、羊蹄山

この山で人気のシラネアオイの群落

などの雄大な眺めが魅力の観光地の1つ。かつてはレストハウスが建っていたが、現在は撤去されてさびしくなった。

　この山名は、アイヌ語でウオロ・フレ・ペッ（その中が・赤い・川）に由来するらしい。しかし、そのような名前の川は見当たらない。西面を源流と

おまけ情報

厳冬期だけだが、オロフレ峠のオロフレトンネル手前3〜4キロの区間にのみ、地元に語り伝えられてきた神秘的な樹氷の森が出現するそうだ。地元では、それを見るためのツアーもあるとか…。

夏の登山道から頂上を仰ぎ見る

する白水川がその川だとする説が有力だが、分水嶺を隔てた東側にも同じ名の白水川が存在する。

これまでに5回登っているが、一番のお勧めは旧道ゲートが開く6月中旬前後の花鑑賞登山だ。この山の象徴でもある荒々しい羅漢岩の絶壁を覆うチングルマ、林床にはシラネアオイの群生、遅い花見が楽しめるタカネザクラのほかに、ハクサンチドリ、コイワカガミ、ミヤマダイコンソウ、カラマツソウ、チシマフウロなど多くの花々の競演が続く。羅漢岩の先の小岩峰の上に立つ「山神」「大正十一年十月」と彫られた石碑も興味をそそる。

夏は、優しい表情の山だが、冬は北西風がまともに吹き付け、天候の急変を常とする厳しい山と化す。筆者は、1月下旬、オロフレトンネルの登別側の標高点675から、衝立のように連なる羅漢岩東側の956メートル峰の南東尾根へ取り付くコースをスキーで登っている。

956メートル峰からは東側の白水川源流部をトラバースして、970メートルコルで夏道尾根と合流する変化に富んだコースだ。氷化して急になる1062メートル峰への途中でスキーをデポし、アイゼンとピッケルで登頂した。エビのしっぽをまとった樹氷が美しく、登山口からは見えない徳舜瞥山とホロホロ山などの大展望がみごとだった。

山頂までスキーが利用でき、ロング滑降も楽しめるのは、蟠渓温泉北側の北西尾根を辿るコースらしい。今シーズンぜひトライしてみたいと思っている。

（2014・1・26掲載）

冬の山頂にて。
後ろは徳舜瞥山とホロホロ山

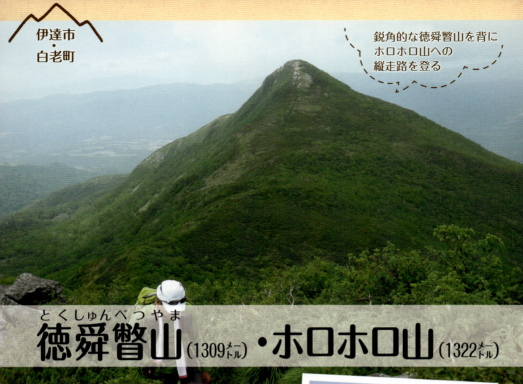

伊達市・白老町

鋭角的な徳舜瞥山を背にホロホロ山への縦走路を登る

徳舜瞥山（1309メートル）・ホロホロ山（1322メートル）
とくしゅんべつやま

花と展望　どちらも見事

　鋭く天を突く端正な姿の徳舜瞥山とやや丸みを帯びたホロホロ山は、洞爺湖と支笏湖のほぼ中間に位置し、遠くからは双耳峰のようにも見える。30分ほどの縦走路で結ばれていて、セットで登られる人気の高い山だ。

　地味な感じのするホロホロ山の方が高く、胆振管内の最高峰でもある。こちらに一等三角点が設置されていて、その点名が「徳心別」なのでまぎらわしい。

　アイヌ語の「トゥクシュンペツ」は、アメマスのいる川の意で、麓の旧大滝村は、戦後までは徳舜瞥村だった。な

花がたくさん咲く
徳舜瞥山頂上直下の崖

お、魅力的な響きを持つホロホロ山は、アイヌ語の「ポロポロ・ペッ」（甚だ大いなる川の意）に由来するらしい。

　徳舜瞥山の中腹には、1971年（昭和46年）まで日鉄徳舜瞥鉱山があり、褐鉄鉱を産出していた。登山口付近の鉱山跡には今でもその遺構が残る。

80　道央の山

登山道は、大滝側から徳舜瞥山へ登る日鉄鉱山跡コースと白老側からホロホロ山へ登る白老コース2本が開かれている。

一番花の多いとされる7月中旬、函館の山仲間4名とともに、花鑑賞目的で登ったことがある。植物の専門家が一緒だったこともあり、35種類以上の花をカメラに収めることができた。徳舜瞥山頂の場違いなフランスギクには驚いたが、今でも毎年咲いている。2つの山を結ぶ吊り尾根でも多くの春の花を楽しんだ。

6月上旬に登った白老コースでは、7合目のタツニタイ見晴台で「自然の大作！ホロホロの桜」の看板の立つ大きなタカネザクラが3分咲きで迎えてくれた。地元ではこの花見を目的に登る人もいるとか。

両山からの展望がこれまた素晴らしい。遠くは恵山や駒ヶ岳、噴火湾から太平洋、洞爺湖と支笏湖周辺、羊蹄山やニセコ方面、札幌近郊の山々など山座同定に時を忘れる。

冬の凛とした姿も好きだ。20年来参加している「おおたき国際スキーマラソン」で、この山を眺めながらの滑走が励みとなっている。

おまけ情報

この記事掲載後の13年2月に、三階滝公園からホロホロ山の北西尾根をスキーで登った。頂上直下でスキーを脱ぎ、厳冬期ならではのスカブラ斜面をツボ足で登頂。4時間30分で登った尾根を1時間10分で滑り降りた。最高のパウダー滑降を楽しんだことはいうまでもない。

その姿に惹かれて、10年ほど前に山スキーで登った。しかし、前日に黄砂が降り、せっかくの樹氷は茶色になり、楽しみにしていた滑降はブレーキが掛かって、全く楽しむことができなかった。それ以来冬の再訪は叶っていない。山は逃げないが、若さが逃げていく…。　　　　　（2012・7・28掲載）

厳冬期のホロホロ山
山頂の筆者

毎年参加している
「おおたき国際スキーマラソン」のコースから眺める徳舜瞥山とホロホロ山

冬のホロホロ山北尾根上部から徳舜瞥山を眺める

苫小牧市・千歳市

風不死岳から望む樽前山

樽前山（1041メートル）・風不死岳（1102メートル）

山容異なる新旧火山

支笏湖の南東にゆったりとした裾野を広げ、中央部に1909年（明治42年）の噴火でできた黒い溶岩ドームをもたげ、今なお噴煙を上げる三重式火山として世界的にも有名な樽前山。一方、湖岸から急峻にそびえたち、山麓に「苔の洞門」を代表とする幾筋もの深い谷を刻み、風格と威厳に満ちた風不死岳。新しい火山と古い火山の対照的な山容のつながっている両山だが、どちらも支笏カルデラの後カルデラ火山である。

現在は、樽前山の火口原へ入ることは規制されていて、外輪山最高点の東

支笏湖畔から望む樽前山（左）と風不死岳

山ピーク（1022メートル）が頂上となっている。しかし、この両山に最初に登った93年には、火口原の中の道を溶岩ドームの根元まで進むことができた。溶岩ドームの荒々しさ、硫黄の張り付いた深い噴気孔からゴウゴウと蒸気を吹き上げる活火山の迫力を間近で体感

風不死岳から望む支笏湖と羊蹄山

しっとりとした苔が美しい楓沢

西山から望む溶岩ドームとその奥の東山

できた。

　その後、外輪山を周回して風不死岳へも登った。樽前山の広大な眺めや爽快な歩きとは対照的な風不死岳の変化に富んだ岩場の険しい道に驚いた。その違いが楽しくて、その後も何度か同じコースを歩いている。シシャモナイ（苔の洞門）コースも登っているが、現在は閉鎖されているのが残念。

　展望は、樽前山からの勇払原野と太平洋、火口原の眺めも魅力的だが、スケールの大きな樽前山と紺碧の支笏湖の全貌が見渡せる分、風不死岳からの方がやや勝っていると思う。

　風不死岳には苫小牧山岳会のizumidaさんに案内されて、超マイナーなロックサムルートを登り、北尾根ルートを下ったことも貴重な経験だ。

　もっとも印象的なのは、02年に単独で、冒険的要素の強い大沢ルートを登り、楓沢を下りたことである。6月上旬、半ば残雪に埋もれた4つの滝を越えた先でルートを間違い、下を振り向くこともできない急な泥壁状のところで進退きわまった。左側の岩尾根のやぶや木につかまりながら体を引き上げ、ようやく頂上直下に飛び出したときの安堵感は今でも忘れない。それ以来、湖畔の車道を通るたびに大沢の上部を見上げては、「あんな急なところをよく登ったものだ」と自分でも感心している。しかし、湖畔の紋別橋に下る楓沢は、苔の洞門より規模が大きく、距離も長く、しっとりとした美しい苔の回廊だった。

（2014・10・31 掲載）

千歳市

頂上から支笏湖を挟んで樽前山(左)と風不死岳(右)を望む

紋別岳 (866メートル)
もんべつだけ

支笏湖一帯の大展望台

　いよいよ雪山シーズン本番である。シーズン初めの手頃で人気の山を探すなら、この山が思い浮かぶ。支笏湖の東岸に連なる外輪山のひとつ紋別岳。頂上にはNTTの無線施設があり、その管理道路が登山道となっている。安全で手軽に登れることもあり、支笏湖一帯の展望台として、夏も冬も人気の山である。

　この山名の由来となっている「もんべつ」という地名は道内のあちこちに存在する。アイヌ語の「モ・ペツ」(静かな・川の意)に因ることが多い。ここにも千歳川の支流でこの山の

登山道の途中から紋別岳山頂部を見上げる

北面を源流とする紋別川がある。

　かつて、夏に登ろうと登山口まで出掛けたが、下山してきた人に「ずっと舗装道路ですよ」と言われて、やめた経験がある。しかし、冬は、道がはっきりしていることもあり、シーズン初めの足慣らしには最適な山のようだ。筆者は、雪の十分なときに山スキーで登ったが、非常に多くの登山者に出

会った。山スキー、スノーシュー、アルミかんじき、ツボ足とさまざまだった。さらに歩くスキーを上手に操って道路を滑り降りてくる年配の男性や、スノーボードを担いだ若者グループもいたりと、何でもありのにぎやかな山だった。

200メートルずつ現れる距離標識を励みに登っていく。標高650メートル付近で道路は大きく西へ方向を変えるが、そこから頂上直下までの幅広の南東尾根には、木の生えていないおいしそうな滑降斜面が広がる。多くのシュプールや足跡が残っていた。

さらに道路を進み、頂上の南面を横切り、北側へ回りこむ地点から南尾根に続く送電線の保安道をまっすぐ登った。この保安道は、ずっと下から続いていて、急だが登山道としても利用されているようだ。

頂上は、巨大な無線施設に占拠されているが、遮る物のない展望がみごとだ。青い湖面を挟んで真っ白なベールを纏った山肌の上に黒い溶岩ドームが頭を出す樽前山と夫婦のように繋がっている風不死岳、迫力ある爆裂火口をこちらに向けた恵庭岳など支笏湖周辺の山々。さらに、札幌市街地や藻岩山がくっきりと見えるのは意外だった。札幌近郊の山はもちろん、遠く増毛山地、大雪山、夕張山地、日高山脈など最高の眺めが広がる。

下山は、予定通り頂上から南東尾根の斜面を道路までスキーで滑り降りた。道路を滑り下りるだけの山と思っていただけに、少しでもターンを楽しむことができるのはうれしいものだ。あとは道路を忠実に降りたが、狭い上に斜度もあるので、スピードコントロールが難しい。

途中、道の真ん中に座り込んで休んでいる2人の女性にビックリ。慌ててブレーキをかける。向こうはもっと慌てたらしい。四つんばいのまま飛び退いた。1時間半で登った山をわずか15分でゴール。　（2012・12・14掲載）

登山道にもなっている
下から続く送電線

山頂部からの南東斜面
を途中まで滑り降りる

千歳市

頂上岩塔の根元から噴煙を上げる爆裂火口と支笏湖を見下ろす

恵庭岳（1320メートル）

眼下に支笏湖ブルー

支笏湖畔から望む冬の恵庭岳

　鋭い岩塔を頂点として、急峻で美しい裾野を広げる恵庭岳は、支笏湖の魅力を引き立てる大きな存在でもある。頂上の下で今なお噴煙を上げる荒々しい爆裂火口を抱く活火山だ。山名の由来は、この山の特徴を見事に表しているアイヌ語の「エ・エン・イワ」（頭が・尖っている・山）による。ただし、陸地測量部（国土地理院の前身）発行の20万分の1地図には1893年までは「千歳嶽」と記されており、1926年の改訂版から「恵庭嶽」となったようだ。

　この山が有名になったのは、1972年の札幌オリンピックの滑降競技会場となったことが大きい。そのコース開削のためだけに森林は大きく伐採され、今でもその痕跡は消えてはいない。夏ははっきりしないが、積雪期には、湖畔道路の西側から眺めることができる。

　この山を初めて訪れたのは、「北海道百名山」の単独踏破を狙い始めた

93年の初夏だった。新緑や花々に彩られたポロピナイコースを登った。怖々よじ登った頂上岩塔の上は高所恐怖症ゆえに、鳥肌が立ってしまった。しかも、眼下の支笏湖と樽前山や風不死岳はガスに遮られたままだった。西側のオコタンペ湖や羊蹄山などがせめてもの救いだった。

　その後長い間ご無沙汰し、再訪したのは18年後の5月だった。初心者同行のため、残雪に覆われた7合目で撤退を余儀なくされたが、第1見晴台からの支笏湖ブルーの美しさと頭上の爆裂火口や頂上岩塔の荒々しさなど、この山の魅力を十分再認識できた。

　13年2月下旬、かねてから念願だった山スキー登山がかなった。単独行でも不安のない無風快晴の下、山行記録の多い北東尾根ルートから登った。情報で得ていた以上に複雑なアップダウンの多い地形だった。標高950メル～1050メルの急斜面が核心部だったが、頂上岩塔の根元までスキーで登ることができた。

　頂上岩塔を見上げながら、冬景色の中にひときわ映える眼下の支笏湖ブルーの湖面と、真っ白な湖面のオコタンペ湖、漁岳を中心とする外輪山の連なりや札幌近郊の山々、羊蹄山などの展望に酔った。下りは、灌木がうるさくて滑りを楽しむのは無理な状態。安全第一で滑り下りた。

（2014・3・14掲載）

山頂部からオコタンペ湖を見下ろす

第1見晴台から見上げる爆裂火口と頂上岩塔

おまけ情報

　山頂部付近は、2003年の十勝沖地震以来、崩落と亀裂が進んでおり、9合目の第2見晴台より上へは登らないよう自粛を呼び掛けている。2016年5月にも山頂部のでべそ岩が新たに崩落している。

札幌市・恵庭市・千歳市

恵庭岳、支笏湖、オコタンペ湖を背に最後の登り

いざりだけ
漁岳 (1318メートル)

札幌に近く年中人気

　この山へ興味を抱いたきっかけは、「いざりだけ」という読み方だった。アイヌ語の「イチャンコッペ」（サケ・マスの産卵する川）に由来するとのこと。その「イチャン」を和人が「イザリ」と訛って呼ぶようになり、それに「いさり」の読みがある「漁」という漢字を当てたらしい。もともとは漁川の源流にあることから「イチャン・ヌプリ」と呼ばれていたようだ。

　支笏湖の北西奥に位置し、空沼岳の南側に連なるどっしりとした地味な漁岳だが、頂上は、札幌市、恵庭市、千歳市の3市の境界点にもなっている。

山頂部を目指して登るスキー登山者たち

　大都市札幌市に近く、交通の便が良いのに登山道はない。無雪期には沢から、積雪期には山スキーやスノシューで、さらに残雪期にはツボ足でも登られている結構人気の山のようだ。

　筆者がこの山に初めて登ったのは2001年2月。道内の山スキールートのサイトを公開している当時栗山町在住の長谷川さんの同行をいただき、勇

左のルンゼに設置されている鎖や
ロープを頼りに高巻く漁川最初の滝

気百倍だった。

　ノーマルルートの漁川林道から出発。恵庭岳や支笏湖を背に登り、頂上付近では、エビの尻尾が発達したスカブラ（雪紋）状のボコボコしたハイマツ帯にてこずった。登山道の無い山に不似合いな立派な頂上標識に驚く。眼下の支笏湖と凍結したオコタンペ湖が印象的だ。下りは、氷結した斜面で二人ともゴロゴロ転んだが、林間に入ってからは心地よい深雪滑降を楽しむことができた。

　2度目は、2年後の4月上旬で非常に思い出深い山行となった。当時室蘭市在住の岳友 gan さんの誘いに乗り、当時大滝村在住だった若いホロホロさんと3人で、美笛峠から縦走した。総延長距離23㌔超のロングコースである。春の陽光を浴びながら、見渡す限り真っ平らな能宇延平（のうえんだいら）、フレ岳、小漁岳経由で7時間の長丁場の末に登頂。

　頂上では、縦走後の車を出してくれる仲間を含め3人の迎撃隊に迎えられ、6人で至福の昼食タイムを過ごした。山スキー山行の行動時間10時間を超えたのはこれが最初で最後だ。

　さらに、なかなか機会に恵まれなかった夏山だが、昨年7月、函館から SHO さんの同行を得て、念願の漁川遡行ルートに挑んだ。最初の滝は鎖やロープのお陰で突破できたが、2つ目の滝ではつるんとした岩壁で滑って滝つぼにドボン。その後、沢を間違えて戻ったりしたが、無事3回目の登頂がかなった。源頭からササやぶやハイマツ帯の中に続くしっかりとした踏み跡に驚いた。積雪期には気づかなかった小さな鉄の鳥居と石の祠の漁岳神社も目にできた。

（2013・3・1掲載）

登山道のない山に
不似合いな立派で風格のある
頂上標識とともに

のんびりしたくなる
万計沼と万計山荘

札幌市・恵庭市

空沼岳 (1251メートル)
そらぬまだけ

魅力あふれる沼巡り

　札幌近郊でもっとも人気の高い空沼岳を最初に訪れたのは、新緑が萌え出し、本格的な夏山シーズンが始まる6月初旬、残雪を踏んで、札幌岳からの単独縦走だった。空沼岳の登山道に合流したら、もの凄い人数の登山者に驚いたことが懐かしい。

　そのときに実感できた人気の秘密は、大都会の近くにもかかわらず、自然との一体感が味わえる変化に富んだコースと頂上からの大展望であった。清涼感あふれる沢沿いの道、静かな深い森、点在する静寂の沼など…。

　その中でも、自分が一番好きなの

明るく開放的な
広々とした真簾沼

は、万計沢コースの登山道沿いに点在する沼巡りだ。まずは、森に囲まれた青い湖面に新緑を映すこじんまりとした「青沼」。次に、そばに建つ万計山荘と空沼小屋とのしっくり感溢れる佇まいの「万計沼」。さらに登っていくと、明るく開放的な広がりを見せる「真簾沼」。この沼畔で休んでいると、もう登頂を止めてのんびり過ごしても

おまけ情報

万計沼のほとりに建つ「万計山荘」は、林野庁が1965年に建築したが、財政難で廃止の危機にさらされ1995年5月に山の愛好家を含む一般有志40人が「友の会」を結成、全国的にも珍しい市民による山小屋の自主管理が続けられている。なお、「空沼小屋」は、1928年の秩父宮殿下の来道をきっかけに、翌年北海道大学により秩父宮ヒュッテとして創建。その後、築80年以上経過し、2006年から閉鎖されていた。しかし、「空沼小屋の保存を考える会」により、2016年から修復工事が始まった。

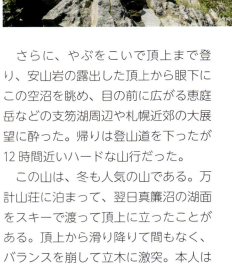

山頂部の様子と恵庭岳とその後ろの風不死岳と樽前山

良いという誘惑に駆られる。

さらに、頂上の南側には、山名由来の一説にもなっている「空沼」（からぬま）がある。頂上の少し先から眺めることはできるが、沼畔へ至るのは至難の業。数年前、札幌の岳友4名とともに、この沼を源流とするラルマナイ川を遡行するチャンスに恵まれた。入渓してちょうど6時間、忽然と姿を現した空沼は、人の痕跡のまったくない秘沼であった。岸の水草には、オニヤンマのものと思われる大きなヤゴの抜け殻が無数に付いていた。

さらに、やぶをこいで頂上まで登り、安山岩の露出した頂上から眼下にこの空沼を眺め、目の前に広がる恵庭岳などの支笏湖周辺や札幌近郊の大展望に酔った。帰りは登山道を下ったが12時間近いハードな山行だった。

この山は、冬も人気の山である。万計山荘に泊まって、翌日真簾沼の湖面をスキーで渡って頂上に立ったことがある。頂上から滑り降りて間もなく、バランスを崩して立木に激突。本人は死んだのでは？と目を開けると、仲間の一人がニコニコしながらカメラをこちらに向けていた…。

（2012・6・2掲載）

山頂部奥から見下ろす空沼（からぬま）

札幌市

帰りの滑降が楽しみな頂上直下のダケカンバの樹氷帯を行く

札幌岳 (1293メートル)
さっぽろだけ

広い斜面　樹氷もみごと

　札幌市の象徴のような名前の山だが、都心部からは藻岩山の陰で見えない。また札幌近郊にたくさんの山があるのに、なぜこの山が札幌岳なのかと漠然と疑問に思っていた。しかし、この山が源流となっている豊平川をアイヌの人たちは札幌の語源となる「サッ・ポロ・ペッ」と呼んでいたようだ。そのことと関係があるらしい。

　展望の広がる一等三角点の山頂に初めて立ったのは、まだ残雪がある5月下旬、空沼岳への単独縦走の時だった。豊平峡ダム近くの冷水コースの登山口から、野鳥のさえずり、早春の

国道230号の中山峠からの下りから見える札幌岳

花々、木漏れ日の新緑をめでながら苔むした冷水沢沿いの道を進む。やがて、突然人工林が現れる。洞爺丸台風でなぎ倒されたあとの植林地「台風高原」だった。

　やがて、沢の正面に堅牢な感じの黒塗りの冷水小屋が見えてくる。創建は1933年（昭和8年）だが、50年に焼失。その2年後、北海道電力が、昆布

道央の山

冷水小屋を背に そのまま沢形を 登って行く

（後志管内）～札幌間送電線設置記念事業の一環として建造。当時の豊平町に寄贈。その後北海学園大学が譲渡を受けて管理している山小屋だ。小屋の前の鉄パイプから勢いよく流れ出る冷たい水が喉を潤してくれる。

　ダケカンバ林を抜けたハイマツ帯の手前の1140㍍付近で広大な雪渓に出た。登山道が分からずに右往左往したことが、一番強い印象として残っている。

　山の東側に開削されている豊滝コースは、昔の信仰登山の道だったとされる。山頂に据えられた「石鎚神社」と彫られた石碑はその証しなのだろうか？　四国の石鎚信仰がここまで広まっていたことに驚く。

　古くから冬山登山でも人気の山だが、13年2月上旬。埼玉からやってきたyukiさんと二人で冷水コースをスキーで初めて登った。夏道と違うのは、冷水小屋の上部から沢地形をそのまま辿って、ほぼ直線的に頂上へ向かうことだった。

　1100㍍を超えると、沢形から抜けて広く緩やかな尾根となってくる。雪をまとった美しいダケカンバ林へと入って行く。ときおり重そうな雪を纏った針葉樹の姿も目に付く。その先の広大な斜面とダケカンバの樹氷帯がみごとだった。

　あいにく山頂からの遠望には恵まれなかったが、頂上からの疎林帯の広い斜面では、爽快な深雪滑降を堪能したのはいうまでもない。平日にもかかわらず、数名の登山者に出会った。さすが、大都市近くの山だ。

（2014・1・31 掲載）

平日でも 賑わう山頂

おまけ情報

　自分も札幌岳と空沼岳へ初めて登った時に歩いているが、その両山を結ぶ縦走路は、すぐにササで覆われて荒廃してしまう。その後、自分が発足にかかわったHYML（北海道の山メーリングリスト）の仲間たちを中心とした「山の道を考える会」が、ボランティアで、これまでにも数年ごとに、ここのササ刈り整備を行っている。

札幌市・喜茂別町

喜茂別山頂側から、夏も冬も目に付く南西尾根上の1062㍍峰と尻別岳を望む

喜茂別岳（1177㍍）

登山道開削　夏も快適

雪をまとった小喜茂別岳のダケカンバ林斜面を登る

　中山峠から北西に札幌市、後志管内喜茂別町の境界となる1000㍍級のなだらかな山々が連なっている。その西側の一段高いのっぺりとした山がこの喜茂別岳。

　数年前までは登山道はなく、積雪期の山として知られていた。しかし、中山峠から続くNTT管理道路の先の稜線上と、国道230号の喜茂別側から入る林道「中岳線」途中からの南西尾根上に登山道が開削されて、夏も冬も楽しめる山となった。

　この山を初めて訪れたのは、2001年4月下旬、山スキーでの単独行だっ

た。国道230号沿いの黒川林道入口から取り付き、通称ポンキモと呼ばれる三角形の小喜茂別岳（970㍍）を経由し、この喜茂別岳を目指した。

　小喜茂別岳へは、ポカポカ陽気の中Tシャツ1枚になって登った。その頂上で、まさかのウグイスに迎えられて驚いた。一度下って、広い尾根を登り返した喜茂別岳頂上は、ハイマツの中

に二等三角点が姿を現していた。ここは三角点ピークで、その西隣に3㍍ほど高い本峰がある。夏は濃いハイマツに覆われていて、アプローチは難しい。

さらに北へと連なる並河岳を越えて城壁のような岩崖を巡らせた中岳まで足を延ばした。無意根山までも届きそうな感じだったが無理はしなかった。しかし、日も長くラッセルのない時期だっただけに、今となっては少し悔いている。

喜茂別岳まで戻って、1062㍍峰が目立つ南西尾根を下り、黒川林道入口へ滑り降りる循環ルートを取ることができた。楽しみにしていた大斜面や林間の滑降を楽しんだことは言うまでもない。ただし、下部では、スキーを対岸に放り投げて黒川を渡渉するところもあった。

2度目は、12年2月、埼玉の岳友yukiさんと2人で、前回と同じ循環ルートを登り下りした。前回と違ってラッセル登山となったが、雪をまとっ

頂丘から北側に連なる
並河岳～中岳～無意根山

たトドマツ林やダケカンバ林が美しかった。さらには、1000㍍を越えた稜線上の一面真っ白な雪原歩きと下りの深雪滑降が楽しかった。

さらに3度目は、同年秋、林道「中岳線」の奥にできた新登山口から、念願の夏山登山での登頂が実現した。タイミング良く、登山道整備が終わったばかりで、快適に歩くことができた。冬に滑り降りた南西尾根上に登山道が続いていて懐かしかった。白いダケカンバの太い幹に巻き付くツタウルシの紅葉、頂上稜線のハイマツ帯にくっきりと続く登山道、さらにはその下に広がる紅葉が印象的だった。

（2013・2・15掲載）

尻別岳（左）と羊蹄山（右）
をバックの頂上

おまけ情報

　この記事掲載後の2016年7月に、中山峠からの両側がササで覆われたNTT管理道路を強引に車で入り、登り残していた電波塔の先のNTT歩道コースを往復した。登り1時間20分、下り1時間。意外と花の多いコースだった。

札幌市・京極町

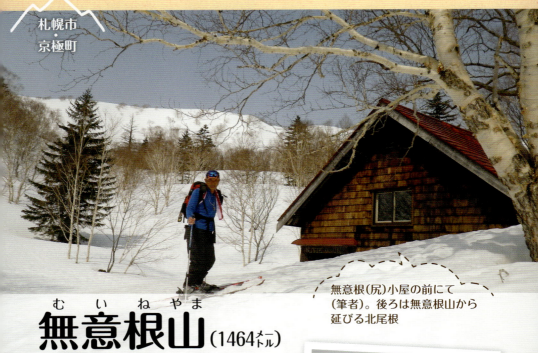

無意根(尻)小屋の前にて(筆者)。後ろは無意根山から延びる北尾根

無意根山（1464メートル）

広い斜面　好ゲレンデ

国道230号中山峠付近から望む早春の無意根山

　余市岳に次ぐ札幌第2の標高の無意根山は、アイヌ語名のムイネシリ（箕のような山の意）に由来するとされる。どこから見ても、箕を伏せたようなどっしりとした山体が目を引く。

　札幌近郊の山には、山小屋利用の山スキーブームが起きた昭和初期に建てられた山小屋が多い。1931年（昭和6年）に北海道大学の大野精七スキー部長のもとで建設、現在北大山スキー部が管理する無意根（尻）小屋もその1つである。建設は登山道の薄別コースが完成する5年前だというから、当時は冬ににぎわう山だったらしい。

　筆者がこの山を初めて訪れたのは、夏の薄別コースからだった。長い林道歩きでは蚊の大群に付きまとわれた。見返り坂までの1時間30分、タオルを振り回しながらノンストップで歩き通したが、体中がボコボコになった。しかし、大蛇ヶ原湿原のワタスゲとアカエゾマツの織りなす景観と頂上から

大蛇ヶ原湿原
入口

頂上手前
東斜面の花畑

の展望、山頂直下の花々に癒された。

　その後、元山コースからも登っているが、刈り払い作業が終わったばかりのラッキーな歩きだった。大沼・小沼を抱くペーペナイ川源頭部の崖の上に横たわるこの山の姿が最も好きだ。

　一番思い出深いのは、札幌の仲間6名と共に白水川を遡行しての登頂である。大小10数個の滝を越え、源頭部の雪渓歩きややぶこぎなど、登りだけで9時間を要したハードな山行だった。水量の多かったゴルジュ（両側の岩壁が迫って狭くなった所）は突破できずに、崖に寄り掛かっていた新しい倒木をよじ登っての大高巻きが印象的だった。頂上で食べたギョウジャニンニクを薬味にしたソーメン、うどんの味が今でも忘れられない。

　念願だった山スキー登山は、2012年春に実現。冬も人気の高い元山コースは、すでに千尺高地や長尾山～大沼山～美比内山の循環縦走のときに途中まで登っていたので薄別コースにした。赤い屋根の目立つ無意根（尻）小屋からシャンツェ尾根に取り付きテラスへ。広大な斜面から頂上を目指し、山全体が好ゲレンデと言われる魅力を実感した。下山は、テラスから東斜面を真っすぐ下り、冬しか登れない「札幌50峰」の小白山（893メートル）にも寄ることができて、ちょっと得をした気分だった。　　　　　（2014・4・11 掲載）

展望の広がる頂上。
すぐ後ろは
最高地点ピーク

札幌市・余市町

北東コルから余市岳肩部分を見上げる。山頂は後方に隠れている

余市岳 (よいちだけ)(1488メートル)

札幌最高峰　滑りも格別

　登山に目覚める以前から何度か眺めてはいたはずだが、なぜか印象の薄い山であった。余市川の源流部に位置することが山名由来の余市岳だが、札幌市の最高峰だと聞いた時には、位置や山容からもちょっと意外な気がして、地図で確認したほどだった。

　ということで、申し訳ない気持ちを抱いてこの山へ初めて登ったのは、1994年の夏だった。当時はキロロスキー場右側に続く常磐林道終点まで車で入ることができ、標高差500メートルほどの呆気ない登山だった。

　「見晴台」から間近に対面した山容

キロロスキー場の下からゆったりとした余市岳を眺める

は札幌市の最高峰に相応しい堂々としたものだった。あらためて敬意を表し、認識不足をわびた。「飛行場」と呼ばれる朝里岳方面へのササで覆われた広大な台地状の広がりにも感動した。

　頂上近くの白骨化したハイマツの幹、枝が一面に広がる山火事跡は不気味ながらも新鮮な眺めだった。その先にケルンと観音像があるが、頂上はも

ゴンドラ山頂駅から眺める余市岳と滑り下りた北西尾根

う少し先だった。ハイマツで囲まれた頂上からは、一等三角点の山にふさわしく、羊蹄山やニセコ連峰、石狩湾や積丹半島の山々、無意根山や定山渓天狗岳など札幌近郊の山々の大パノラマが広がっていた。

夏山への再訪は、それから17年後の同じコースだった。しかし、林道入口ゲートが閉鎖されていて、1時間ほどの林道歩きが加わった。北東コル（鞍部）で合流するまだ歩いたことのない白井川コースは、濃いやぶに覆われていた。ハイマツの白骨帯は、17年前に比べて、1本1本が小さくなったようで、その中に咲くコガネギクの黄色の方が目立っていた。下山は、ゴンドラ山頂駅までのコースからゲレンデの中を下って周回した。

昔は沢詰めかスキーでしか登れない山だったが、冬もスキー登山者でにぎわったらしい。キロロスキー場ができてからは、夏も冬も身近な山となっている。筆者も積雪期にもゴンドラ利用で2度訪れている。

最初は99年5月上旬の春山だった。そのときは、ゴンドラ山頂駅から往復したが、山仲間から、「同じコースを戻るのではなく、余市川の源流部の北斜面を下ってスキー場へ出るとか、北西尾根を下ってスキー場の下へ出れば面白かったのに…」と言われて悔しい思いをした。

その思いを払拭できたのは、13年もたった12年4月。最近では、余市川源流部は人気のコースらしく、北西尾根上には、プリン（1159㍍）とか、アポロ（1218㍍）という愛称まで、愛好者の間で定着している。頂上からの急な北斜面に大半径のシュプールを刻み、プリンの上を横切り、アポロの北西尾根をスキー場の下まで滑り降りた。「スキー場を下るよりは遙かに楽しい」ことを実感し、幅広い余市岳の魅力を再認識することができた。

（2013・3・19掲載）

羊蹄山を初め360度の眺望が広がる頂上

札幌市

兜を思わせる特異な
岩山の定山渓天狗岳

定山渓天狗岳 (1145メートル)

魅力多い野性的岩山

　7月の声を聞くと、山は花の季節を迎える。札幌のすぐ近くでも多くの珍しい花々を目にできるのが、定山渓温泉の北西側に特異な姿でそびえる岩山－定山渓天狗岳である。地図上にはただの「天狗山」と記載されているが、愛称で「定天（じょうてん）」と呼ばれている。アイヌ語名は、「キトウシヌプリ」（ギョウジャニンニクの多い山の意）。

　この山に初めて登ったときの自分の記録に「この山を目にしたときには、果たして自分のような初心者に登れるのだろうかと不安になった。しかし、

登って行くと左手頭上に、
Ⅱ峰・Ⅲ峰の岩崖が迫ってくる

登ってみて、この標高で、しかも大都市の近くに、こんなに野性的で登山の醍醐味を十分に味わわせてくれる山があったのかとびっくりした」と書いていた。

　昔は、2本の登山コースがあったらしいが、東尾根コースは廃道となり、

102　道央の山

山頂からさっぽろ湖を見下ろす

ルンゼの根元に咲いていたサクラソウモドキ

おまけ情報

　豊羽鉱山は、定山渓温泉から約13㌔西にあったが、現在は閉山されている。かつては多くの住民が生活していたため、小中学校や団地、体育館、プール、神社等が、比較的きれいな状態で廃墟となって残っていたが、2013年現在は全て解体されている。

現在は熊ノ沢コースだけである。林道から熊ノ沢の清流沿いに登山道は続く。水流が少なくなると両側から岩壁が迫ってきて狭い沢となる。高所恐怖症ゆえに、この辺りからハラハラ、ドキドキ感に満ちた冒険的要素の強い登りが続く。滝が連続する沢の高巻き、雪渓の詰まった急な枯れ沢の登り、やがて、右頭上に迫って来る大岩壁に押しつぶされそうな圧迫感に鳥肌が立つ。

　ここまでも多くの花は見られるが、この辺りから、時期になると、この山ならではの多くの花々が現れる。ミヤマアズマギク、サクラソウモドキ、タケネグンバイ、キクバクワガタなど、かつてはアツモリソウも見られたとか…。

　崖の下を巻くように登っていくと、核心部「ウエストコル」のルンゼの下に出る。ロープが設置されてはいるが、早い時期に登ったときにはロープが雪の下に隠れ、持参したピッケルが大いに役立った。

　頂上の第Ⅰ峰から北西側の第Ⅱ・Ⅲ峰を見ると、周りは垂直な崖になってギアナ高地のテーブルマウンテンを思わせる姿が面白い。狭くて足元から切れ落ちた頂上は、お尻がムズムズして落ち着かないが、眼下のさっぽろ湖など360度遮るもののない札幌近郊の大展望も魅力である。

　2011年、この山の記録を筆者のホームページにアップしてまもなく、山には縁のない函館の友人から次のようなメールをいただいた。「私の母は豊羽鉱山で生まれ育ちました。母に貴サイトの定山渓天狗岳の写真を見せたところ、毎日眺めていた山だととても懐かしがっていました。もうすぐ豊羽鉱山が完全閉鎖されることを知り、40年ぶりという母を連れてこの山を一緒に見上げて来ました。おかげで、定山渓温泉1泊の良い親孝行ができました」　　　　　　（2012・6・30 掲載）

札幌市

かつては「喫煙所」の標識があった尾根の上から頂上岩峰を見上げる

神威岳(かむいだけ)（983メートル）

国道230号小金湯付近から見上げる神威岳と烏帽子岳

眺望広がる岩峰

　国道230号を札幌市街地から定山渓に向けて走ると、いやが応でも右奥の平らな山頂部の周りに岩崖を巡らせる異様な山容の山に目が向いてしまう。そのたびに、昔の西部劇に出てきた荒野の岩峰を思い出す。

　道内には神威や神居、カムイを冠した山が20座ほどある。語源であるカムイは、アイヌ語で「神格を有する高位の霊的存在」の意とされている。しかし、『北海道夏山ガイド』（北海道新聞社刊）によると、この山はそもそもアイヌ語名では「プーネシリ」あるいは「エペシ」と呼ばれていたようで、「神威岳」は陸地測量部の命名らしい。

　この山への初登は1995年春、札幌出張の翌日だった。前夜、ススキノで知人と飲み過ぎて二日酔いに苦しみながら登ったのが一番の印象だ。だが、新緑の中にひときわ爽やかに咲くエゾヤマザクラを見ながらの林道歩きは爽快な気分だった。

　その後、急な尾根を登り切ると「喫

煙所」の標識のあるところに出た。今では考えられない標識だが、「どうぞ一服してください」と言わんばかりに、深い谷を挟んで迫力ある山頂部が目の前に迫り、眼下には芽吹きの多種多様な色が広がっていた。やがて、「巌望台」からは頂上の見える方向が変わり、険しいイメージがやわらぐ。

　そのあとの急な尾根登りでは、二日酔いの吐き気に襲われた。頭上に迫る岩峰基部からどのようにしてあのテラス状の頂上に登るのかと、ハラハラドキドキしながら進んだ。西側へ回り込むように進むと、ロープが設置された急な源頭部にジグザグ道が続いていた。

　頂上は岩峰の上という感じが全くない。しかし、高所恐怖症の自分には、下から眺めたあの岩峰の上にいると思うと尻がムズムズして落ち着かなかった。まだ真っ白な余市岳や残雪を抱く札幌岳、定山渓天狗岳、手稲山、百松沢山、隣の烏帽子岳などが近くに見えた。札幌市街地の広がりも新鮮な眺めだった。

　その後、紅葉が美しい秋に2度訪れている。2度目は烏帽子岳まで足を延ばした。しかし、まだ心残りがある。それは、札幌の仲間から、西側のコビキ沢川を遡行しての登頂と冬期間の百松沢山〜烏帽子岳〜神威岳の縦走を誘われたが、どちらも都合がつかず参加できなかったことだ。いずれも単独行では難しいクラシックルートなだけに残念至極。　　　（2015・10・3掲載）

「巌望台」から頂上と紅葉斜面を見上げる

頂上から札幌市街地を望む

おまけ情報

　神威岳から烏帽子岳への縦走路は、灌木やブッシュで覆われていることが多い。最低鞍部は880㍍で、頂上まで230㍍の登り返しとなる。頂稜へ出ても、頂上はその一番奥で思ったより遠く感じる。自分の足で往復1時間30分だった。

札幌市

頂上手前から眺める高度感がすごい刃のような岩壁

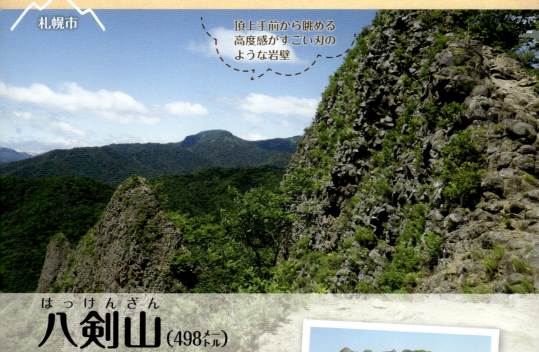

八剣山(はっけんざん)（498メートル）

スリル満点の岩稜と眺望

　国道230号の札幌と定山渓の間を走れば、嫌でも目に飛び込んでくる恐竜の背中のような岩稜を剥き出しにした山である。別名は観音岩山、昔は五剣山とも呼ばれたらしい。標高は低く、簡単に登れるが、高度感抜群のスリル満点の山である。それだけに、眺望抜群で人気も高い。しかし、数回の転落死亡事故も起きている。

　この山への初登は、95年5月、札幌出張のついでだった。南口から登り、西口へ下りている。新緑の中の切り立つ岩塔の裏側の根元を進み、幅の

八剣山トンネル北側から望む八剣山

狭い岩稜の上をロープに掴まりながら、わずか25分で登頂。すごい高度感だ。高所恐怖症のくせに、怖いもの見たさで下を覗くも足がすくむ。

　眼下には、満開のリンゴの花咲く果樹園、草原に広がるタンポポの黄色、蛇行する豊平川と春真っ盛りの箱庭的風景がのどかに広がる。東側には札幌の市街地も見える。しかし、周りの山

西口コースで目にした花弁の大きなシラネアオイ

おまけ情報

この山の麓の八剣山果樹園では、フルーツ狩りや収穫体験ができ、パークゴルフ場や乗馬クラブなどもある。さらに、2011年に誕生した八剣山ワイナリーもあり、現在6種のワインを造っている。ワインだけではなくシードルやフルーツジャムの生産、販売も行っている。近隣には小金湯温泉もあり、楽しく過ごせる場所だ。

は、残念ながら低い雲の中だった。

　頂上から西側に続く垂直に切り立つ3本の鋭い刃のような岩塔峰が一層スリルを高める。いつものことではあるが、この様な頂上は足がすくみ、腰が落ち着かない。長居は無用…。

　西口コースは一変して、しっとりとした樹林の中だった。道端には、スプリングエフェメラル（春の妖精）たちが一面に咲き乱れ、頂上での怖さをすっかり忘れてのんびり下った。

　西口登山口から南口登山口へ向かう。まだ八剣山トンネルのない時である。豊平川の川べりに出ると、昔急な岩場を削って造ったであろう道が岩崩れで埋まっていて、その下は川面まで断崖絶壁である。その岩崩れの上の微かな踏み跡を辿り、恐る恐る一歩一歩慎重に下を見ないようにして通過したら、そこが南口登山口であった。頂稜も怖かったが、ここも怖かった。

　再訪は、それから13年後、こちらが避けて登った東端までの細い岩稜の上をごく当然のような顔をして下って来る男性に出会った。「いつも、こっちを通るんですよ。さっきも頂上の向こうの細い岩稜の上も歩いてきました」とのこと。自分には眺めるだけでも怖いのに凄い人がいるものだ…と思っていたら、帰宅後、その男性からメールが届いていた。「入山届を見て坂口さんだということが分かりました。いつもホームページを参考にさせてもらっています」とのこと。こちらこそ畏れ入りました。

（未掲載）

藤野地区
市街地の展望

札幌市

馬の背分岐の西側から頂上を見上げる

藻岩山(もいわやま)(531メートル)

朝日に照らされる晩秋のスキー場コースを登る

大都会の貴重な自然

　札幌のシンボルともいえる山である。観光地としても有名な山ではあるが、札幌市民には気軽に登れる山として人気が高い。5本の登山道があり、四季を問わず多くの登山者でにぎわっている。エベレストに3度登頂した三浦雄一郎氏がトレーニングした山としても知られる。

　この山名の由来には、面白い歴史がある。現在の藻岩山を、北海道の先住民族のアイヌの人たちは「インカルシペ」(いつも上って見張りをするところの意味)と呼び、民族の聖地でもあった。しかし、明治時代、入植した和人たちが「モイワ」(小さな岩山)と呼ばれていた現在の円山と、インカルシペを取り違え、インカルシペを藻岩山、モイワを円山と呼び習わし、そのまま地名として定着してしまったという。

　大都会にありながら、原生林に覆われ、豊かな自然が保たれている貴重な山でもある。1921年(大正10年)

に、「藻岩原始林」として、北海道で初となる国の天然記念物に指定されたことが大きいようだ。山頂からの札幌の街並みや石狩湾、増毛山塊、札幌近郊の山々などの大パノラマも大きな魅力である。

　藻岩山スキー場は、筆者にとっては、26歳のときの全日本スキー連盟公認準指導員検定合格の忘れられない場所である。この山に初めて登ったのは、それから30年も後だった。その懐かしさもあり、スキー場コースを登り、ゲレンデの中を下った。特に、急斜面種目の検定バーンとなった「うさぎ平」と当時の自分の若さを思い、懐かしかった。

　新緑の頃に、一番人気の慈啓会病院コースも登っている。ハルニレやカツラの巨木に驚き、「砲台跡」と呼ばれる「進駐軍専用スキー場のわが国最古のリフト台座」に興味を抱いた。コンクリート製で、リフトの土台として利用されていたという。

　つい最近、5コースある登山道のすべてを1日で効率良く回る方法を考えて実行した。スキー場コースから頂上経由の「馬の背分岐」の間は往復になるが、その分岐を交点として、登山口の間の車道歩きも加えたほかの4コースの8の字縦走だ。総距離約21㌔を6時間半で踏破することができた。しかし、この山の良さを満喫できるのは、やはり新緑か紅葉の季節だろうと実感した。

（2014・11・28 掲載）

> **おまけ情報**
>
> 　一般社団法人夜景観光コンベンションビューローなどの主催による「夜景サミット2015 in 神戸」において、札幌市が長崎市に次ぎ2位にランクインした。3位の神戸市とともに【日本新三大夜景】として認定された。筆者としては、「あれ？函館は？」の思いが強い。

一番人気の慈恵会コースで見られるカツラの巨木

山頂からの札幌市街地の眺め。円山が島のように見える

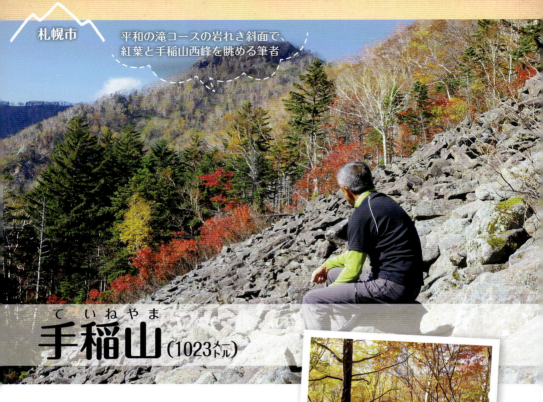

平和の滝コースの岩れき斜面で、紅葉と手稲山西峰を眺める筆者

札幌市

手稲山(てぃねやま)（1023メートル）

自然度の高さ予想以上

見事な紅葉に彩られた
滝の沢連絡路

　アンテナ群が林立した平たんな山頂部は、札幌市街地だけでなく、近郊の山々からもすぐに目に付く。その山頂部の形から舟形山という別名もあるらしい。北東斜面は冬季オリンピックの会場となったスキー場やレジャー施設が開発されている。しかし、明治末期には登山道ができ、大正末期には、わが国最初のスキー小屋パラダイスヒュッテも建築された「北海道登山のメッカ的存在の山」である。

　初登は、1995年の初夏、平和の滝コースからだった。ハルゼミの大合唱、琴似発寒川沿いのカラマツや広葉樹林の新緑の道。そして、滑滝状の布敷ノ滝。やがて、沢から離れ、足元の苔むした岩の下から聞こえる伏流水の涼し気な音。明るい林の中にひときわ艶やかに咲くムラサキヤシオツツジなど、すべてに感激した。

　やがて、樹林が切れてロックガーデン風の広い岩れき斜面が現れた。さらに、白い幹に新緑のダケカンバ林、満

開のタカネザクラなどなど、予想以上に自然度の高いコースだった。札幌近郊の山々がすべて見渡せることもうれしかった。

　3度目の2014年秋には、下山後にバスを利用すれば、北尾根コースから平和の滝コースへ縦走できることが分かった。ただし、北尾根の分岐からは、滝の沢連絡路を下り、オリンピックの大回転ゴール地点やパラダイスヒュッテが見られる滝の沢コースを歩いた。

　北尾根コースと合流する舗装道路に出るまでに3時間も歩いたのに、まだ標高550㍍だった。しかし、紅葉の美しさに大満足だった。ゲレンデの中に続く登山道から振り返ると、紅葉に彩られた山肌の向こうに石狩湾が広がっていた。4時間半を要して、手稲山神社奥の院が鎮座し、登山者でにぎわう山頂に到着した。

　3度目になる下りの平和の滝コースは、岩れき斜面も布敷の滝も紅葉に彩られ、発寒川沿いの道も見事な黄葉に染まっていた。山頂で同年代の男性から「ほっかいどう山楽紀行、いつも楽しみに読ませてもらっています」と言葉を掛けられ、感激の握手を交わした。男性は先に下山して行ったが、こちらの到着を登山口で待っていてくれた。「家が近いので、車を置いてある北尾根登山口まで送ります」とのこと。「山は道連れですから」という粋な言葉につい甘えてしまった。

（2015・10・9掲載）

紅葉で彩られた平和の滝

パラダイスヒュッテ手前から山頂部を見上げる

平日でも賑わう頂上

一度は泊まってみたい奥手稲山の家の前にて。札幌のyoshioさんと筆者(右)

札幌市・小樽市

奥手稲山(949メートル)・迷沢山(1005メートル)
（おくていねやま）　　　　　（まよいざわやま）

山スキーで循環縦走

　手稲山の西奥に位置する奥手稲山。『北海道夏山ガイド』にも載っているが、この山の歴史からして、ぜひとも山スキーで訪れたい山であった。

　そこで、2004年12月末、シーズン最初の山スキー登山にこの山を選び、奥手稲山の家に寄り、その南の迷沢山を巡る日帰り循環縦走の計画を立てた。忙しい年の暮れにもかかわらず、札幌の岳友5人が駆け付けてくれて楽しい山行となった。

　春香小屋前から奥手稲沢右岸の林道を辿り、青空の下のダケカンバが美しい西尾根に取り付いた。やがて、奥手

奥手稲山から札幌市街地を望む

稲山頂への斜面。その年に猛威を振るった台風18号による倒木が行く手を遮って、まっすぐ進むことができないのがもどかしかった。

　頂上手前でトップを切っていたリーダーのヤマちゃんが、初登頂の筆者に一番乗りを譲ってくれた。うれしい気

道央の山

遣いに、目の前の白く輝く樹氷もその間に広がる石狩湾や札幌の町並みもことのほかまぶしく見えた。

滑りを期待していた頂上からの下りは、倒木が煩くて楽しむどころではなかった。スノーブリッジを渡って登り返すと、静かな佇まいの奥手稲山の家。

この山の家は、まだ山スキーが盛んだった1930年（昭和5年）、札幌鉄道局が営業小屋として建設。当時としてはもっとも設備の整った山小屋で、鉄道電話が引かれ、照明設備により夜間スキーが楽しめたという。

71年に北大に譲渡され、現在は同大ワンダーフォーゲル部が管理。改修はされているが、中は往時の姿をとどめている。その玄関に上がり込んで昼食タイム。

すぐそばには秩父宮殿下や深田久弥氏も滑られたという「ユートピアゲレンデ」。小屋に泊ってのんびり遊んでみたいという想いを振り払って、迷沢山を目指す。

この迷沢山、地図が不正確だった時代に、上部で迷った人が多かったことが山名の由来だとか。そのせいでもなかろうが、樹木のあちこちに山スキールートの案内板と思われる赤い標識が目に付いた。

最後の斜面を登ると見晴らしの良い丘のような迷沢山頂上。南面に崖を抱いた手稲山が大きい。荒々しい定山渓天狗岳の後ろに連なる無意根山や余市岳など白く輝く雪嶺も美しい。

夏の迷沢山から望む手稲山

丘のような迷沢山頂上

ようやくシールを剥がして、短い斜面を滑り降り、上平沢林道へ。登り返しのまったくない林道で、そこそこ長い滑降を楽しむことができた。

それから6年後の5月下旬、このとき下った林道から夏の迷沢山を再訪することができた。しかし、岳友たちと飲み交わして一夜の夢を結びたい山の家への再訪はまだかなっていない。

（2012・12・28 掲載）

小樽市

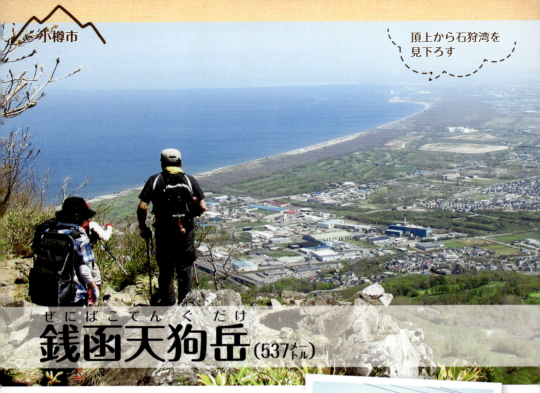

頂上から石狩湾を見下ろす

銭函天狗岳(537メートル)

低山ながらも魅力満載

　5月に入ると、低山は春爛漫の様相を呈し、待ちに待った夏山シーズンを迎える。そんな想いをいち早くかなえてくれるのが、小樽の銭函天狗岳。手軽に登れるにもかかわらず、変化に富んだ魅力を満喫できる山だ。

　北海道のあちこちに天狗岳や天狗山という山は多い。そのほとんどは岩山だ。この山も東面に垂直に切り立つ岩崖を巡らし、札幌の手稲付近からもよく見える。小樽にはもう一つ有名なスキー場のある天狗山があり、それと区別するため「銭天」と呼ばれている。

　小樽の海岸近くの山には明治初期に

銭函付近から眺める銭函天狗岳

本州から渡ってきた多くの修験者が居ついて修行に励んだという歴史がある。この山もその舞台だったらしく、今でもたまに白装束で登ってくる修験者を目にすることがあるという。

　この山に初めて登ったのは、5月の連休時だった。緑花会コース登山口か

らまもなくして、札幌山岳会所有の銭天山荘の前を通過。小さな流れに沿った河畔林の中を進む。足元には、キクザキイチゲ、エゾエンゴサク、ニリンソウ、エンレイソウ、ヒトリシズカなどの春の花々が今を盛りと迎えてくれた。木々の梢を見上げると青空をバックにした芽吹きの新緑、耳には小鳥のさえずり。うららかな春を満喫しながらのんびり歩を進める。

　ロープの設置された急な尾根に出ると、朝の太陽の出迎えを受けた。石狩湾の海岸線や眼下の町並みが眩しい。やがて、この山のシンボルともいえる岩壁の基部に到着。ここは今もクライミングのフィールドとして利用されているようだ。

　露岩の道を進むと、岩場に立てられた半円の可愛い頂上標識が迎えてくれた。先客が場所を譲ってくれるように下山して行った。目の前には残雪に覆われた手稲山～奥手稲山～春香山の連なり、新緑の山肌にひときわ目立つエゾヤマザクラ。石狩湾を挟んだ向こうの真っ白な増毛山地などの展望を独り占めに至福のひとときを過ごした。

> **おまけ情報**
>
> 　自分は歩いたことはないが、手稲金山コースがあるらしい。星置川沿いの林道を進み、最初の分岐を右の林道へ進むルートのようだ。これを使って緑花会コースから縦走する人もいるらしい。なお、その林道は直進すると奥手稲山頂上直下まで続いている。

　しかし、次々と登山者がやってくる。さすが大都市札幌近郊の山である。落ち着かないので、トコロテン式に下山を開始。やがて、人の声とカーンという音が聞こえる。尾根の下に広がるゴルフ場だった。やや興ざめの感が否めなかった。

　再訪は、時期的に少し遅い5月下旬だった。目に付く花は、シラネアオイ、コヨウラクツツジ、ムラサキヤシオツツジなどに変わっていて、山肌も春紅葉が進んでいた。

（2014・5・9掲載）

ニリンソウの咲く道と銭天山荘

高度感のある岩崖の上を巻くとまもなく頂上

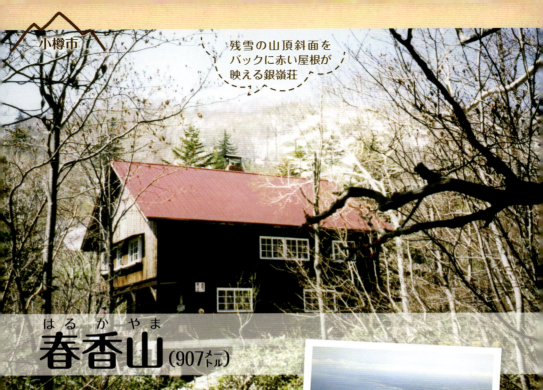

残雪の山頂斜面をバックに赤い屋根が映える銀嶺荘

小樽市

春香山 (907メートル)
はるかやま

山頂から眼下に広がる石狩湾沿いの眺望

芽吹きが彩り　春紅葉

　いよいよ「山笑う」季節到来…この「山笑う」は俳句における春の季語で、春の山の草木が一斉に若芽を吹いて、明るい感じになるようすをいう。

　まさに、そのイメージを彷彿とさせる美名の春香山。語源は「遥山」らしい。詳細は不明だが、どこかの大学生が洒落心でこの漢字を当てたのが定着したようだ。

　この山に登るにはこの時期を逃すわけにはいかないとの思いで、この美名に惹かれて初めて訪れたのが5月上旬だった。

　札幌と小樽の中間に位置する地味な山である。登山道は、小樽市桂岡住宅地の最奥から登る桂岡コースが一般的だが、道道小樽定山渓線の通称春香小屋から林道を辿って銀嶺荘に至るコースもある。

　筆者が登った桂岡コースは、満開のエゾヤマザクラ、シラカバの白い幹と芽吹き、さらには、カラマツ林の新緑と青空のコントラストが美しかった。

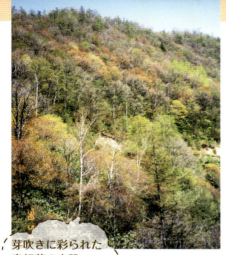
芽吹きに彩られた春紅葉の山肌

道端を彩るスプリングエフェメラルたち

道端に咲くニリンソウ、キクザキイチゲ、エンレイソウ、少し高度を上げていくと、カタクリとエゾエンゴサクの群生が現れ、その中にシラネアオイが点在して咲く…まさに「春香」溢れるスプリングエフェメラル（春の妖精）ロードだった。

やがて、ほぼ中間地点の「土場」と呼ばれる林道終点に到着。ここで初めて石狩湾の大展望が広がり、眼下の山肌は芽吹きに彩られた春紅葉が美しい。例年5月上旬から中旬には、この辺りから残雪歩きとなるようだ。

やがて、「銭函峠」を越えて進むと樹間に佇む赤い屋根の山小屋が現れる。道内では珍しく冬季でも管理人が常駐する銀嶺荘だ。昭和初期から「山のオアシス」として親しまれ、昔からここを根城にした山スキーヤーでにぎわってきたようだ。現在の建物は1960年に建てられたもので、74年から東海大学が管理・運営している。この管理人が淹れてくれるコーヒーは評判のようだ。

残雪斜面を登り切った頂上で石狩湾やその先に連なる増毛山塊、札幌の町並みなどを眺めてくつろいでいると、銀嶺荘に泊まっていた30人ほどの小学生たちとその家族が、手に尻滑り用のビニール袋を持ったり、凧を上げたりしながら、次々とにぎやかに登場した。

頂上付近はこのグループの遊び場と化したが、子供も大人も春山ならではの自然との一体感を楽しんでいる様子にこちらもうれしくなった。

下山時には、100人以上もの登山者とすれ違った。土場より下の花だけを目的に登ってくる人もいたりと、まさに、「春の香り満喫の山」だった。このときの感動が忘れられずに数年後、同じ時期に再訪した。尻滑り用のビニールをリュックにしのばせて…。

（2013・5・3掲載）

小樽市

頂上から変化に富んだ海岸線と積丹半島の山々を眺める筆者

塩谷丸山 (629メートル)

頂上に祀られている祠と錨

夏も冬も魅力の低山

　小樽湾の塩谷海岸からほど近く、ぽっこりとそびえるのがこの塩谷丸山だ。この辺りの海岸線はかつてニシン漁で栄えた地である。頂上には大きな錨と祠が奉納され、祠には「明治14年越後国渡辺源左衛門」と刻まれている。漁業の安全や豊漁を祈願して祀ったものだろう。

　古くから信仰の山として、地元では「丸山さん」と呼ばれて崇められている。明治に入って、「廃仏毀釈」で本州の修行の場を追われ、小樽の港に降り立った修験者たちが、目の前にそびえる天狗山や赤岩山やこの山に住み着いたという。明治時代には、山頂の岩場テラスで修行する山伏の姿が見られたそうだ。

　丸山という山は、道内では60座ほどを数える最も多い山名である。この山も地図上では単なる丸山だが、区別する意味で地名が付けられている。同じように道内あちこちに地名を冠した丸山が多く存在する。なお、塩谷の語

頂上直下の北東斜面に刻んだ
マイシュプール

源は、アイヌ語でショー・ヤ（岩の多い岸）と、シュー・ヤ（鍋岩）の2説がある。

　筆者は、夏と冬に2回ずつ登っている。夏と冬ではコースは違うが、街中からすぐに登れ、山頂からの小樽の町並みや塩谷から積丹半島へと連なる変化に富んだ海岸線の眺め、360度の展望がすばらしい。

　最初に登ったのは、夏ではなく正月休みだった。「手軽に登れる低山ながら、極上のパウダースノーを楽しめる貴重な山」という情報にひかれて、山スキーでトライ。標高300㍍付近から山頂まで、よだれの出そうな疎林帯が広がっていた。おまけに、風や日射の影響を受けにくい北東斜面である。

一番乗りの単独行だったので、ラッセルはきつかったが、ノートラックのパウダー斜面に自分だけのシュプールを刻むことを楽しみにせっせと登った。しかし、頂上直下でシールが剥がれてしまった。登頂は諦めたが、次々と登ってくる後続者に優越感を感じながら、海へ向かって爽快な深雪滑降を楽しんだ。冬のリベンジ登頂は2013年3月上旬にかなった。冬ならではの大パノラマに酔い、前回同様のパウダー滑降を堪能することができた。

　今後の楽しみは、天狗山〜於古発山〜遠藤山〜塩谷丸山と続く小樽周辺自然歩道の踏破だ。

（2013・12・27 掲載）

晩秋の頂上の岩場で
くつろぐ登山者

塩谷海岸をバックに、
あとから登って来る
登山者

一人歩きの魅力

自分の力で完遂できる喜び

　一人歩きの一番の魅力は、何から何まで自己で完遂する満足感と達成感にある。山選びから始まる計画づくり、登山、登頂、下山、記録の整理、それぞれに楽しみはあるが、トータルとして、自分の意志と体を通して自分のプランを実行できる充実感に満ち溢れている。

　下山した後、その山を振り返って眺めたとき、マラソンの有森裕子選手でなくとも自分を褒めたくなる。

　その目標やプロセスが困難であればあるほど、得られる満足感や達成感は大きくなる。だから、だんだん難き山へ向かうことになる。

よく残る印象

　一人歩きゆえに、すべて、自分の目で観て、自分の耳で聴いて、自分で判断するために、グループで歩くより、見落とすことは多いかも知れないが、展望や登山道などの印象が強く残るような気がする。

　それらをじっと温めて持ち帰り、パソコンに写真を取り込み、ホームページやブログにアップする。そして、その山での感動を反芻し、思い出に浸るのも満足感に酔えるひとときである。

自然との一体感

　一人歩きは、誰にも邪魔されたり、指図されたりすることのない自分勝手な、自分だけの世界である。その最たるものは、素晴らしい自然との出合いや対話である。自分の主観だけで味わえる自然との一体感は、まさに自分の五感を通した宝物である。

From　函館
少年の心で山へ

夕張・樺戸・増毛・幌内の山

夕張岳
芦別岳
崕山
富良野西岳
黄金山
暑寒別岳
群別岳
神居尻山
ピンネシリ・待根山
音江山

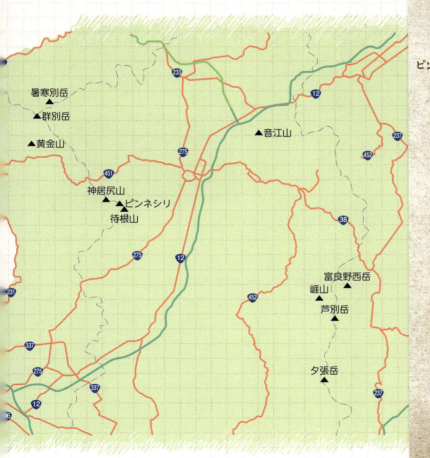

夕張市・南富良野町

登山道脇には花畑が広がる

夕張岳（ゆうばりだけ）(1668メートル)

釣鐘岩やガマ岩などの複雑な地形の先に頂上を望む

保護が実り花の山に

　今や全国ブランドとして人気の高い「花の名山・夕張岳」は、この山を代表する名花ユウバリソウやユウパリコザクラのように和名、学名に「ユウバリ」や「ユウパリ」を冠す約20種ほどの固有種を含め、希少な高山植物が200種余りも生育するまさに「高山植物の宝庫」である。

　花の種類が豊富なのは、蛇紋岩の地質に起因している。1996年に「夕張岳の高山植物群落および蛇紋岩メランジュ帯」として、山ごと国の天然記念物に指定されている。

　登山道は、東西に開かれているが、札幌から近い西側の大夕張コースは、蛇紋岩地帯が点在し、花も多く、前岳湿原、釣鐘岩（つりがねいわ）やガマ岩などの複雑な地形が楽しめることもあって人気が高い。東側の金山コースは静かな山歩きが楽しめるが、登山道としての歴史はこちらが古い。

　筆者がこの山を初めて訪れたのは8月だった。高山植物や花の種類の多さ

おまけ情報

新しい夕張ヒュッテは、ユウパリコザクラの会の募金活動の結果、全国から650万円を超える募金が集まり、廃校の廃材などを市からもらいうけ、3年がかりで完成し、2013年5月に完成祝賀会を実施した。

なお、筆者はこの後、13年7月に金山コースからも登り、吹き通し付近で多くの花を楽しんだ。

徐々に回復し、株を増やしている
ユウパリコザクラ

に驚いたが、ユウパリコザクラやユウバリソウとの対面は時期的に無理だった。

　それから数年後の6月末に再訪。厳しい風衝地「吹き通し」の砂礫地帯に咲くユウバリソウを初めとする多くの種類の花々に感動したが、ユウパリコザクラは数株しか目にできなかった。

　そして、13年ぶりの2011年、株が増えて群生状に咲いていたユウパリコザクラと対面することができた。「吹き通し」の花も増えていた。これは、大規模なスキー場建設計画が持ち上がったことがきっかけで生まれた、この山の保護活動と夕張ヒュッテの管理に取り組んできた「ユウパリコザクラの会」の努力のたまものであろう。

　その日の夕張ヒュッテの管理人のかわ健さんが「自分もこんなに多くの株を見たのは、今年が初めてです」とうれしそうに語っていた。ヒュッテにも泊まり、夕張岳の山体に鋭峰をもたげる前岳と滝ノ沢岳にもやぶをこいで登ることができた。

　現在ヒュッテは建て替え工事中だが、移設前の手造り五衛門風呂の記念すべき最後の入浴者は筆者である。岳友でもある管理人メンバーのかわ健さんとエバさんの歓待ぶりに感激して「ユウパリコザクラの会」会員になり、ごくわずかだがヒュッテ建替え募金にも協力した。　（2012・6・16掲載）

吹き通しに咲く
ユウバリソウ

富良野市・南富良野町

旧道コース北尾根のピークから望む芦別岳の頂上岩峰と複雑な稜線

芦別岳（1726メートル）

真の魅力　旧道から

　鋭く天を突く「北の槍」と呼ばれる頂上岩峰と道内では数少ない荒々しい岩稜剥き出しの岩山が魅力の芦別岳は、「北海道のマッターホルン」の異名を持つ夕張山地の主峰である。芦別川の源流部に位置することが山名の由来のようだ。

　筆者がこの山に初めて登ったのは、一人歩きの山を始めたばかりの1992年夏、まだ自信がなく新道コースの往復だった。しかし、ずっとガスの中の登山でこの山の魅力はお預けのままだった。このときに「この山の良さは、旧道から登らなければ分からな

北尾根から頂上へ近付くと槍の迫力はなくなる

い」と言われ、旧道コースからしか目にできない「北の槍」の写真を眺めては憧憬の念を抱き続けていた。

　5年後の初夏、時間の関係でやむなく新道コースを登り旧道コースを下った。一番乗りの頂上では、富良野盆地を挟んで連なる表大雪と十勝連峰、ニペソツ山などの東大雪、羊蹄山や札幌近郊の山々、さらに日高山脈などの見

夕張・樺戸・増毛・幌内の山

渡す限りの大展望を堪能し、初めて目にしたツクモグサにも感動した。

　頂上で一緒になった男性と2人で旧道コースを下った。足元から切れ落ちる本谷の迫力もすごいが、振り返って見上げる頂上岩峰の迫力もすごい。あのとがった上にさっきまでいたことが信じられないくらいの鋭さである。何度も何度も振り返りながら下った。雪渓が残る本谷を登ってくる登山者の姿を目にして、「次は本谷だ」と心に決めた。

　その機会は2年後に到来した。富良野市役所「山歩くらぶ」からのお誘いだった。5月下旬、

「北の槍」と呼ばれる頂上岩峰のアップ

山部地区から朝日に輝く芦別岳と北尾根の稜線を望む

富良野盆地を挟んだ表大雪と十勝連峰をバックの頂上にて

　初めて借りたピッケルを手にし、振り返るのが怖いほど急な雪渓斜面に刻まれたステップ状の足跡を一歩一歩慎重にたどった。両側から迫る鋭く黒い岩稜と岩壁、はるか頭上まで突き上げるルンゼ…このロケーションの中では、人間はアリより小さい存在だった。

　その後、念願のままだった旧道コースを登り新道コースを下る山行の時期は、紅葉時の9月下旬を狙った。北尾根に出ると、鋭い頂上岩峰と紅葉に彩られた北尾根が目の前にド〜ンと広がる。旧道コースのハイライ

5月下旬の本谷を登る。筆者は一番後ろ

頂上から本谷と
北尾根を眺める

おまけ情報

この山に登るたびにお世話になるのは、登山口にある「山部自然公園太陽の里」である。周辺には、森林浴や自然散策が楽しめる「遊々の森」や、1000人収容可能な無料キャンプ場、宿泊施設や研修施設である「ふれあいの家」、レストラン、4コース36ホールが楽しめるパークゴルフ場などの施設が揃っている。

トだ。さらに進んで行くと槍の形が少しずつ鋭く端正な形に変わって行く。やっぱり、「この山の良さは旧道から登らなければ分からない」と納得した次第だ。　　　　（2014・9・19掲載）

この山で初めて
目にしたツクモグサ

2012年の残雪期に
登った夕張中岳

芦別市

頂上直下に咲くホテイアツモリ

崖山（きりぎしやま）(1066メートル)

貴重種の花々に遭遇

夕張山系の芦別岳の西側に位置するこの山は、恐竜の背中のような切り立った石灰岩の岩峰や岩塔を連ねる奇異な山容の山である。

石灰岩土壌のために、キリギシソウやホテイアツモリなどの絶滅危惧種の植物が多い山だ。それゆえに、盗掘や踏み付け等で貴重な植物が激減してきた。その対策として、1999年から入山規制をし、人数限定の自然保護学習モニター登山会を年3〜4回行ってきている。現在、一般登山者がこの山に登ることができるのは、この登山会だけである。

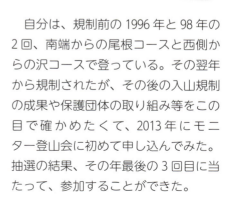

芦別岳から眺める崖山全景

自分は、規制前の1996年と98年の2回、南端からの尾根コースと西側からの沢コースで登っている。その翌年から規制されたが、その後の入山規制の成果や保護団体の取り組み等をこの目で確かめたくて、2013年にモニター登山会に初めて申し込んでみた。抽選の結果、その年最後の3回目に当たって、参加することができた。

頂上直下花畑での記念撮影

　前日の事前学習会で顔を合わせた26名の参加者と山岡会長以下4名の引率スタッフが、マイクロバスに乗り合わせて、芦別道の駅をバスで出発。長い惣芦別林道を走り、林道終点まで入った。登山口となる恐竜の背中のような尾根の南端の根元だが、96年にここから岩尾根の根元を辿り、多くの花々を楽しんだ懐かしい場所だった。

　そこから東の沢沿いの道を進む。ここ10年間は、その奥で合流する扇の沢コースで行っているとのこと。直接頂上直下のコルへ詰めるので、長い岩尾根の根元の植生を傷めないで済むコースのようだ。自分が過去に登ったコースとは違うので、期せずして3コースから登ったことになる。

　小沢を渡渉する手前に靴に付いた植物の種や泥を落とすための装置もある。この効果は抜群とのこと。この登山会のためにロープの設置された泥壁の源頭を登り切ったら、まだ雪渓の残る頂上直下の鞍部へ出た。そこで、昼食タイムとなり、花の多い頂上岩塔の下に3班に分かれて登った。

　頂上岩塔下では、この山ならではの多くの花々を目にできたが、一番のお目当ては、前の2回にも目にできなかったホテイアツモリである。全部で10株ほどを目にすることができた。これも14年間の入山規制の成果だそうだ。

　2回目のときに登った頂上岩塔へは岩肌の植生を傷めるので、登らせてもらえなかった。その時はこの山の奇怪な岩峰や岩塔群が上から眺められたのだが、仕方がない。

　下山後の反省会では、いろいろな意見があったが、筆者は、「貴重な自然保護象徴の山として、今後もぜひ規制とモニター登山会は続けてほしい」と話した。　　　　　（2016・12・23掲載）

おまけ情報

　峨山自然保護学習モニター登山会への参加申し込みについては、毎年4月になると芦別市のホームページに広報が載る。また、前後して北海道新聞にも応募の案内記事が載るようだ。

自然モニター登山会スタート地点から岩塔を見上げる

富良野市

富良野市北側から望む富良野西岳(左)と富良野スキー場

富良野西岳(ふらのにしだけ)（1331メートル）

眼下に富良野盆地

　富良野スキー場の南隣にそびえる富良野西岳。十勝連峰の富良野岳とは紛らわしいが、こちらは富良野盆地を挟んだ夕張山系の山である。頂上稜線が細くて長いせいか、見る角度によっては山容がかなり違って見える。富良野市郊外の北側から鋭く尖ったピークを初めて目にしたときは、同じ山だとは思えず、登高意欲をたぎらせたものだ。

　初登は96年の秋だった。富良野岳に登った翌日にこちらに登り、富良野盆地を挟んでお互いの眺望を楽しんでいる。新富良野プリンスホテルの駐車場から沢コースを登り、スキー場コースを下った。

沢沿いに咲くこの山の固有種で、絶滅危惧種オオエゾケマン

　右岸、左岸と何度も渡渉しながら進む。濃い緑色の苔むした岩と紅葉の中を流れる清流が爽やかだった。途中の「仙人の泉」は、前日に原始ケ原の下りで喉を潤した「天使の泉」と同じように伏流水がぽっかり穴の中に顔を出

している。向こうが「天使」で、こちらが「仙人」というのも面白い。「金鉱跡」は、岩の中に人工的に掘ったと思われるトンネル状のきれいな空間だった。

　沢と別れて急な尾根に取り付き、どんどん高度を稼ぐ。稜線に出ると、まさに出来秋の富良野盆地が広がり、それを挟んで初冠雪に覆われた大雪連峰と十勝連峰がくっきりと望まれる。思わず足を止め、それらの展望を楽しんだ。

　鮮やかな紅葉に染まった稜線を登って行くと、突然目の前に、本谷をこちらに向けて、「北の槍」をもたげた芦別岳がそのアルペン的山容を現す。その雄姿にほれぼれしながら登って行くと、白い岩が露出し切れ落ちる岩壁の上の頂上に到着。爽やかな秋晴れの下に広がる大雪から日高まで、360度の展望はまさに絶景である。

　下りのスキー場コースへ向かう途中、反対側からはゴンドラを利用した多くの登山者に会った。スキー場の上からはゲレンデの中をのんびり下った。

北の峰と富良野西岳の谷間から覗く富良野盆地と十勝連峰

　それから数年後、沢沿いに群生するという、この山でしか見られない絶滅危惧種のオオエゾケマンという花だけを目的にその地点まで訪れたことがある。高さ1㍍ほどの大きな水辺の植物だった。その8年後の2013年6月下旬、その花との再会も兼ねて2度目の登頂をしている。雪解け水が多く、スパイク長靴でも渡渉に苦労するくらいだった。オオエゾケマンは、前回より株が増えていたし、尾根や稜線でも多くの花々を楽しむことができ、大満足の再訪だった。

　なお、冬もスキー場のゴンドラを利用すれば、割と簡単に登頂できる。筆者は、『北海道雪山ガイド』（北海道新聞社発刊）の取材も兼ねて、4人の仲間と春スキー登山でその奥の布部岳に登っている。その帰りに寄れたのだが、時間的なこともありパスしてしまった。あとで、菅原編集長から「あそこまで行ってなぜ富良野西岳に寄らなかったの？」と言われて悔いが残ったままである。

（未掲載）

頂上から芦別岳とその奥の尖峰夕張マッターホルンを望む

石狩市

地面から突き抜けたように屹立する黄金山

黄金山(こがねやま)(739メートル)

急峻と不気味さに鳥肌

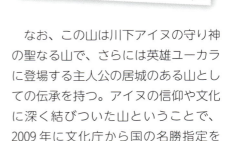

頂上から高度感満点の前峰を望む

　石狩市浜益区に増毛山系をバックに従えて、ニョッキリと奇異な姿で屹立する怪峰・黄金山。筆者が初めてこの山を間近で目にしたときは、あまりの急峻と不気味さに鳥肌が立ったものだ。しかし、札幌からも近く、手軽に登れることから、週末には家族連れなど多くの登山者で賑わう山である。

　山名は、昔、この周辺で砂金採りに入った和人がこの山を「黄金山」と名付けたことに由来するらしい。その姿から「浜益富士」「黄金富士」とも呼ばれている。アイヌ名は、ピンネ・タイオルシベ（木原にそびえる男山の意）。

　なお、この山は川下アイヌの守り神の聖なる山で、さらには英雄ユーカラに登場する主人公の居城のある山としての伝承を持つ。アイヌの信仰や文化に深く結びついた山ということで、2009年に文化庁から国の名勝指定を受けている。

　さて、この山に初めて登ったのは、山を始めて3年目の秋だった。前日の

夕張・樺戸・増毛・幌内の山

入林届けを見ると、小学生がたくさん登っていた。「見た目よりは怖くないのかも知れない」と、新道を登って旧道を下る計画でスタート。しかし、高所恐怖症の自分にはそれほど甘くなかった。

　高度感満点の前峰から本峰へ向かって下るところは、両側が垂直に切れ落ちた幅の狭い岩稜でつかまる物がない。両側の視界を意識的に遮断し、這うようにして頂上にたどり着いた。

　頂上も切れ落ちた岩崖の上だが、周りに低木が生えているのでそれほど怖さはないがどうも落ち着かない。展望はみごとの一語に尽きる。石狩湾から続く日本海と、それに沿って連なる積丹半島から札幌近郊に掛けての山々、北側には増毛山塊の山々が峰を並べる。

　下山の旧道で、さらに屈辱的な試練が待っていた。垂直に切り立った岩壁の腹をトラバースするような場面に出くわす。立ち往生さながらへばりつくように一歩一歩恐る恐る情けないほどの時間を要して通過した。

　筆者のホームページにはいつも所要時間を記載しているが、「速すぎて参考にならない」というお叱りを受けることが多い。ところが、札幌の岳友かすみ草さんから「私、1つだけ坂口さんに勝った山があるの。それは黄金山の旧道の下りです」と笑われた。

　そのトラウマを払拭すべく13年後の08年に再訪した。安全策で旧道を登り、新道を下った。ところが立ち往生した岩壁状のところは通過しないまま、上の分岐に到着してしまった。後で聞いたら、崩れ落ちてしまったとのこと。

　前峰から下る岩場も前回の印象よりかなり広く感じた。頂上から足元を覗き込むこともできた。どうやらあちこちの修羅場を経験して高所恐怖症は少しは改善されたようだ。

（2012・8・25 掲載）

頂上から幌天狗〜群別岳〜奥徳富岳を望む

柱状節理の岩壁

増毛町・雨竜町・北竜町・新十津川町

暑寒コースの650㍍付近から暑寒別岳の頂上台地を見上げる

暑寒別岳(しょかんべつだけ)(1492㍍)

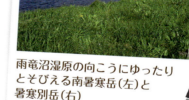

雨竜沼湿原の向こうにゆったりとそびえる南暑寒岳(左)と暑寒別岳(右)

眼下に雨竜沼湿原

　初夏になっても多くの残雪を抱いて、石狩湾の北から日本海へ膨(ふく)らむようにせり出している広大な増毛山地。その主峰が暑寒別岳だ。山名は、暑寒別川の源流部にあることによる。アイヌ語の語源は「ソーカアンペツ」(滝の上にある川の意)とのこと。アイヌ語に当てた漢字の山名では、ユニークで好きなもののひとつである。

　その主峰と対をなすのが、「北海道の尾瀬」と呼ばれる雨竜沼湿原。その向こうにゆったりとそびえる山容と一体をなす景観はお互いの存在をより魅力的なものにしている。筆者は、尾瀬も歩いているが、規模は劣るが美しさではこちらの方がずっと上だと確信している。

　初めてこの山に登ったのは、本格的に山を始めた2年目の1993年の7月上旬。雨竜沼湿原も初めてだった。同湿原を経由するロングコースに備えて4時半に出発。湿原では、朝日に輝く

山頂から眼下の雨竜沼湿原をズーム

おまけ情報

この山の箸別コースと暑寒コースの登山口のある増毛町は、筆者の好きな町のひとつである。かつてニシン漁場で栄えた面影を残す明治から昭和初期にかけての商家や旅館、食堂や倉庫が残る町並み、日本最北の酒蔵「国稀酒造」など、古き良き時代にタイムスリップできることが魅力である。

数多くの池や沼、今を盛りと咲き誇る湿原の花々にウキウキしながら歩を進めた。展望台から湿原を一望し、その広さと素晴らしい景観に感動。南暑寒岳を越えて頂上への急な尾根伝いで、今度は多くの高山植物の花々が迎えてくれた。

頂上では、当時はまだ山の名前の特定すらできなかった増毛山地の山々、眼下の雨竜沼湿原、はるかかなたに連なる十勝連峰、大雪連峰、夕張山地など360度の眺望を楽しみながら朝食をとった。

午後1時半には下山し、登山口の管理人に「この時間で、もう暑寒別岳まで往復して来たんですか？」と驚かれた。それだけに、疲労感に替わる満足感も大きかった。

登山道はほかに増毛側からの2コースがある。8〜9合目付近の花畑が見事な箸別コースは花狙いで2度、暑寒コースは、登山口となる暑寒荘まで除雪される4月下旬にスキーで2度登っている。なんといっても頂上台地直下の大斜面で楽しむ大半径のターンと、8㌔にも及ぶロング滑降がこのコースの魅力だ。

増毛山地にはこの主峰を取り囲むようにそびえる魅力的な山がたくさんある。しかし、登山道がない。豪雪地帯ゆえの春山登山の対象として、群別岳、奥徳富岳、浜益御殿、浜益岳、雄冬岳、幌天狗、増毛天狗岳、中ノ沢岳などを踏破しているが、まだ登りたい山が残っている。　（2015・4・24掲載）

山頂から望む奥徳富岳（左）と群別岳（右）

石狩市・増毛町

浜益岳から眺める鋭く天を突く群別岳。左後ろは奥徳富岳、右後ろは幌天狗

群別岳(1376メートル)
くんべつだけ

幌天狗から眺める群別岳(左)と奥徳富岳(右)

天を突き
てっぺん鋭く

　1000メートルを超える魅力的な山が多い増毛山地で登山道があるのは、主峰の暑寒別岳と黄金山だけである。そのほかの山は、豪雪地帯ゆえに4月下旬〜5月の残雪期に登られることが多い。その中で一番人気が、「道内5大鋭峰の一角」と呼ばれるこの群別岳である。「ぐんべつだけ」と読みたくなるが、「くんべつだけ」が正しい。

　この山を初めて目にしたのは暑寒別岳からだが、「いつかは登りたいものだ」と意識した後、自分の目の前に現れたのは2000年5月、浜益岳から眺めたときである。その天を突いて鋭くそびえる姿には、東大雪の岩峰のニペソツ山と対面した時にも似た強烈な感動を覚えた。「来年は、絶対あのてっぺんに！」と心に決めた。

　翌年のやはり5月上旬、情報を集め、単独行日帰りの予定で出掛けた。前日に、たまたま前年に知り合った『北海道の百名山』（北海道新聞社発

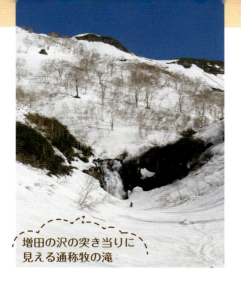

増田の沢の突き当りに見える通称牧の滝

行)の群別岳の執筆者である、こがね山山岳会事務局長渡辺千秋さんのお宅に挨拶がてらルート情報を聞きに寄った。すると、「明日ならお付き合いできます」との予期せぬうれしいお言葉。

翌朝、群別川林道を5㌔ほど入った地点で待ち合わせ、スパイク長靴で出発。早い春の花々をめでながら、雪の林道を1時間ほど歩き、沢の浅くなった渡渉ポイントを越える。緩やかな尾根へ出ると、目指す迫力満点の群別岳や幌天狗(1222㍍)とのご対面である。好天の上に心強い同行者のおかげで少しの不安もなく、心躍る心境だった。

熊ノ平から増田の沢へ下りて、大滝の右側から、1079ピークと南峰のコルを目指した。南峰の崖を右から巻く急斜面では、あまりにも急なトラバースに怖くなり、渡辺さんにステップを切ってもらいながら進んだ。さらに急斜面をはうようにして登り、5時間を要して念願だった鋭い頂に立つことができた。

快晴の下に連なる暑寒別岳や幌天狗や奥徳富岳から縦走してくるグループがあちこちの稜線上に見え、この時期のこの山の人気の高さを再認識した。

さらに、12年後の13年5月、幌天狗経由ルートでの再訪をねらった。しかし、朝の霧雨で出発が遅くなり、時間切れで幌天狗から戻らざるを得なかった。次回は、ぜひとも、初回と同じルートから再訪を果たすつもりだ。

(2016・4・29 掲載)

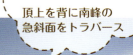

頂上を背に南峰の急斜面をトラバース

おまけ情報

この山の南隣の吊尾根で繋がっている奥徳富岳も人気のある山だ。熊ノ平までは群別岳と同じルートなので、雪の状態が良いと群別岳から縦走して周回することも可能である。筆者は群別岳の5年後の06年に改めて単独で登っている。熊ノ平から右手に見える西尾根をかんじきで登った。こちらも、やはり登りに5時間を要した。

当別町

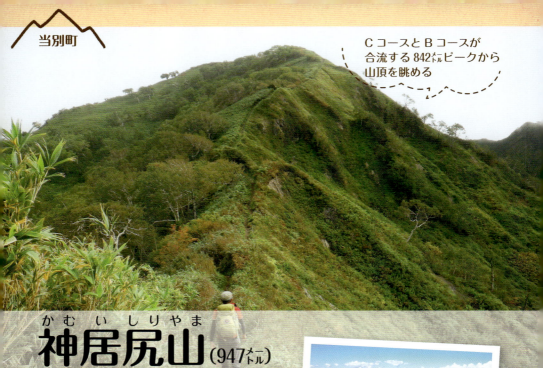

CコースとBコースが合流する842メートルピークから山頂を眺める

神居尻山（947メートル）
（かむいしりやま）

斜面、谷…荒々しさ魅力

842メートルピークから登って来たBコースを振り返る

　樺戸山地の北西部に位置する千メートルに満たない山だが、多雪地帯だけに、急な雪崩斜面と深い谷をあちこちに配し、荒々しい山容が魅力だ。頂上手前の雪崩斜面は花の多いことでも知られ、展望もすこぶる良い。

　カムイを冠した山名は道内各地にあるが、ここは、広大な「道民の森」の造成に合わせて1990年前後に登山道が整備された。

　登山道は3コースある。最初に登ったのは95年の晩秋で、一番長いAコースを登り、Bコースを下っている。し かし、うんざりするほどいくつものピークを越すアップダウンの繰り返しで、さっぱり効率が上がらないのがもどかしかった。

　最初のピークを越すと、すっかり葉の落ちた白いダケカンバが斜面を覆う、険しい山容の頂上と対面。すでに雪に覆われた暑寒別岳やその麓に飛び出した奇異な形をした黄金山、頂上に

ドームを抱いたスマートなピンネシリなどの山容を楽しみながら進んだ。頂上へ続く稜線の南側の雪崩斜面は高度感があり、眼下の当別川の上流域の深い谷が印象的だった。

　頂上では、樺戸山地の全容や半分ほど雲に覆われた増毛山地、石狩湾、遠く雪に覆われた大雪連峰などの展望を楽しみながら遅い昼食をとった。

　Bコースは、幅の狭い木の階段とロープの手すりの連続で一気に下る。各休憩所に設置された展望や植物、森林生態に関する説明板の文章が面白い。子供に語りかけるような易しくユーモアあふれる表現が、しっかり最後まで読ませる。「道民の森」の山ならではの工夫である。

　次は花の時期がいいだろうと、18年ぶりの再訪は 2013 年 6 月下旬。前回と逆回りした。Cコースとの合流地点の 842㍍ピークからが、この時期のこの山の見どころと分かった。全く木の生えていない南側の雪崩斜面には一面、ヨツバシオガマやミヤマアズマギクが咲

山頂手前南斜面の花畑に咲くヨツバシオガマの群生

Aコースの1つ目のピークを越えた所から見上げる晩秋の山頂

く。下りのAコースの雪崩斜面はエゾカンゾウやハクサンボウフウに覆われていた。

　なお、登山道が整備される前は、積雪期に登られるのが普通だったようだ。今でも、冬にも利用できる避難小屋が建ち、それほど多くはないが、冬の記録も見られる。しかし、頂上付近の雪庇は要注意のようだ。

（2016・11・25 掲載）

おまけ情報

　「道民の森」は、北海道当別町と月形町にまたがる約 12000㌶に及ぶ広大な敷地。1990 年神居尻地区を皮切りに、6つのエリアが設けられ、宿泊・レクレーション・スポーツ・文化活動・森づくりが楽しめる。この神居尻山の登山道も、その一環として整備されている。豊かな自然を活かした「楽しく遊んで学べる」各種イベントも開催されている。開園シーズンは、毎年 5 月 1 日から 10 月 31 日。

新十津川町ふるさと公園から見上げる待根山(左)とピンネシリ(右)

ピンネシリ（1100メートル）・待根山（1002メートル）

花の稜線　期待以上

石狩平野北部に連なる樺戸山地の最高峰ピンネシリと待根山。山頂には「ピンネシリ命名の由来」の説明板が設置されている。内容は、「大昔、石狩平野に海が広がっていたころ、この付近にいた先住の人々は、この山を「家の形をした山」、つまりチセネシリと呼んでいた。ある時、大嵐が起きて、人々は波にさらわれそうになったが、神様のご加護で山に逃れて助かった。人々は男神のような強さと、女神のような優しさがあると思い、高い山を男山（ピンネシリ）、低い山を女山（マツネシリ）というようになった。」

待根山との鞍部からピンネシリを見上げる

とのこと。

平野部からも目を引く丸い山頂部をもった端正な姿のピンネシリの山頂には、レーダー雨雪観測所が設置されている。施設と管理道路の存在はやや野趣を損なう感じではあるが、登山道は、巧みにその道路を避けて、自然を

おまけ情報

この山の麓のみどりが豊かで広大な敷地をもつ「新十津川町ふるさと公園」は、温泉もあり、筆者お気に入りの車中泊場所でもある。2面ある野球場をはじめ、あらゆるスポーツ施設や合宿施設がそろっている。そのほかに、新十津川物語記念館、文化伝習館などもあり、大人も子供も楽しめる公園である。

山頂手前の南斜面を覆うエゾノハクサンイチゲ

満喫できるように設けられている。毎年7月上旬には、この管理道路を利用した「ピンネシリ登山マラソン大会」が開催されている。

この両山に初めて登ったのは2000年5月上旬だった。滑りも楽しめるとのことで、新十津川側の砂金沢コースからスキーで待根山へ直接登った。鞍部にスキーを置いてピンネシリを目指した。

巨大なレーダー施設の建つ山頂には、「山神」の石碑と石造りの祠と展望標示盤が設置されていた。西側には、前日に登った浜益岳を初め、双耳峰のように鋭く天を突く群別岳と奥徳富岳、その右側の暑寒別岳など増毛山地の山が白い峰を連ねていた。下りは、疎林帯の大斜面で滑降を楽しんだことは言うまでもない。しかし、待っていたのは、車のパンクだった。

11年ぶりの再訪は、季節とコースを変えて、6月中旬に当別側の一番川コースから。待根山とピンネシリを結ぶ稜線は、期待以上の花の山だった。ハクサンチドリ、チシマフウロ、シラネアオイ、カラマツソウなどなど。タカネザクラもまだ咲いていたし、頂上手前の南斜面を覆うエゾノハクサンイチゲの群落もみごとだった。

黄色のキジムシロの群生が広がる山頂は、上空は青空が広がって陽光にも恵まれ、ポカポカして気持ちが良かった。しかし、周りはガスが立ち込め、展望には恵まれなかった。先着の2名と山談義をしながら1時間以上も待ったが、むなしい願いだった。

(2015・6・15 掲載)

巨大なレーダー施設の建つ山頂には、「山神」の石碑と石造りの祠と展望標示盤が設置されている

深川市

冬の山頂から広がる深川市を中心とした石狩平野と天塩山地の山並み

音江山 (795メートル)
おとえやま

大展望　スキーも人気

　深川市の南東にそびえる音江連山のひとつである。夏道もあるが、以前から山スキーの人気が高い山だった。最近は、自分も著者の一人である『北海道雪山ガイド』に掲載されたこともあり、拍車がかかった感じだ。

　2004年の夏に、イルムケップスカイライン終点の沖里河山（802メートル）登山口から「音江山連山登山コース」をピストンしたことがある。しかし、当時は、鳩の湯分岐から音江山までの800メートルほどは2メートルをはるかに超す強烈なササやぶこぎだった。頂上には一等三角点がポツンとあるだけで、周りの

北東斜面で豪快な深雪滑降を楽しむ

ササで展望もない印象の悪い山だった。

　そのときに登山口で目にした説明板によると、音江の語源は、アイヌ語のオトゥイェポク（川尻が千々に分かれた山下の川の意）とのこと。ちなみに、音江の旧名は音江法華である。

　さらに、その説明板の中で興味を覚えたのは、「麓郷音江の里の位置と音江山・沖里河山が東西逆に位置されて

142　夕張・樺戸・増毛・幌内の山

音江連山登山コース最高地点の無名山から音江山を眺める

いる理由が未だ解明されず」の部分である。地形図を見ると、確かに東の音江川の源流は沖里河山で、西のオキリカップ川の源流が音江山になっていておもしろい。

　人気のこの雪山を訪れたのは、13年2月の単独行だった。3日前のドカ雪の後だったが、前日のトレースが残っていて助かった。高度を上げるにつれて、木の密度は薄くなり、シュプールが残っていた。

　頂上からは、10年前の夏山とは違って、一等三角点にふさわしい360度遮るもののない大パノラマが広がっていた。石狩川流域の広大な平野、天塩山地、増毛・樺戸山地、夕張山地、十勝連峰〜表大雪などなど。

　シールを剥がすためにスキーを脱いだら、股下まで雪に潜り驚いた。深いパウダー滑降を期待して、あまり荒れていない急な北東斜面へ飛び込んだ。腿まで埋もれながらの豪快なターンを楽しみながら、この山の人気の高さを実感した。

　下山してまもなく、若い単独行の女性が下りてきた。いきなり、「坂口さんですよね」とあいさつされてびっくり。「函館ナンバーのエクストレイルは坂口さんに間違いないと思って、あとを追ったのですが…」とのこと。会えなかったのは、こちらが途中まで北東斜面を下ったからであろう。地元の方だった。こちらの車種まで知っておられるほどの筆者のホームページの愛読者だったことに大感激した。

（2014・2・14 掲載）

夏は展望のない一等三角点のみの頂上

深川道の駅付近から眺める冬の音江山

中高年を山へ向かわせるもの？もしかして…

山は裏切らない

　中高年…人生も後半になり、公私ともに、これまで幾度となくいろいろな目標に向かって頑張って来た世代である。そのプロセスで、どれだけその目標を順調に達成することができたであろうか？

　例えできたとしても、かなりの紆余曲折もあったろうし、遠回りや後戻りしたこともあるだろう。もちろん、目標達成できずに挫折感を味わってきたことも…。そんな辛さの経験を山は癒してくれるから、山へ向かうのではないかと、最近思うようになった。

　山は裏切ることがない。よほどのことがない限り一歩一歩が無駄になることがなく、確実に目標に到達できる。我々レベルの山であれば、目の前に続いている道を辿れば、多少の負荷はあるものの、その負荷も自分が背負えば済むことで、やがて快い増幅された達成感へと変わる。

少年の心で山へ

　山は子供に戻れる…もしかしたら、昔どこかに忘れてきた忘れ物を取り返しに山へ向かっているなんてことは…？　未知への興味と発見の喜びを求めての好奇心、冒険心、探求心、勇猛心、そして、自然のままの自分などなど…。山で出会う我々世代の人間は、みんな子供のような喜々とした純な顔をしている…。

　かく言う私も、まさにその典型的なタイプで、山へ向かうときのポリシーは「少年の心で山へ」である。

From　函館

少年の心で山へ

日高の山

- アポイ岳
- 楽古岳
- 野塚岳
- 神威岳
- 横山中岳
- ペラリ山
- ピセナイ山
- ペテガリ岳
- 1839峰
- カムイエクウチカウシ山
- イドンナップ岳
- 十勝幌尻岳
- エサオマントッタベツ岳
- 幌尻岳
- 北戸蔦別岳・1967峰
- 伏美岳・ピパイロ岳
- チロロ岳
- 剣山
- 芽室岳
- オダッシュ山

様似町

多くの固有種の花が咲く馬の背付近と頂上を見上げる

アポイ岳（810メートル）

この山の固有種のひとつ アポイタチツボスミレ

固有種多彩　花の宝庫

　道内でいち早く高山植物の花々が咲き始める山、それは、日高山脈支稜の西南端に位置する花の名山・アポイ岳だ。

　海岸からわずか4キロ。濃い海霧とカンラン岩という特殊岩質の影響で、低標高にもかかわらず、高山植物は80種以上、固有種や固有変種などは日本一多い20種ほどが確認され、まさに花の宝庫だ。この「アポイ岳高山植物群落」は、1952年（昭和27年）に国の特別天然記念物に指定され、花の百名山としても名高い。

　山名の由来は、アイヌ語で、「アペ・オ・イ（火のたくさんあるところ～鹿が捕れるように神に祈るために火を焚いた）」による。今でもこれに因んだアポイの火祭りが行われている。

　筆者は、最も多くの花々が楽しめる5月中旬と6月上旬の2回、さらに紅葉目的で10月下旬にも登っている。5月の時は、わずか2日前まで続けていた山スキー登山を切り上げ、夏山モー

この記事掲載後の2013年5月下旬に初めて目にしたヒダカソウ
(花弁が虫に食われていた)

ド切り替え後の第1弾として、前日の「様似山道」に続いてこの山を選んだ。

避難小屋の建つ5合目から上が核心部である。馬の背付近では、露出したカンラン岩の間に咲くアポイアズマギク、アポイタチツボスミレ、サマニユキワリ、アポイキンバイ、ヒダカイワザクラなどこの山ならではの多くの花々と対面できた。

しかし、一番の目的ヒダカソウは、ビジターセンターで教えてもらった9合目付近で目を皿にして探したが、とうとう見つけることができなかった。

昔は多く見られたという幌満お花畑へも回ってみたが、やはり同じだった。かつての盗掘や踏みつけなどで今や幻の花となりそうな危機に瀕している。この山の自然保護活動に取り組んで多くの成果を上げている「アポイ岳ファンクラブ」の今後の活動に期待したい。

このときには、ここアポイ岳にしか棲息していないという国の天然記念物の高山蝶・ヒメチャマダラセセリもカメラに収めることができた。

森林限界上の高山帯の雰囲気たっぷりの花畑、ハイマツ帯を抜けて、頂上へ着くとダケカンバの樹林で囲まれている。普通の山はダケカンバ帯、ハイマツ帯の順だが、これもこの山ならでは珍しい現象らしい。

6月のときは吉田岳を越えてピンネシリまで往復したが、この稜線でも多くの花々と日高山脈の展望を楽しんだ。

2012年秋、山の南側を流れ、紅葉の名所として名高い幌満峡とセットで訪れた。08年に日本ジオパークに認定されたこともあり、幌満峡沿いの説明板や山麓自然公園の整備も進んでいた。この時、解体工事中だった「アポイ岳ジオパークビジターセンター」が、13年4月にリニューアルオープンした。久しぶりに花の時期に再訪しようと思っている。

(2013・5・24掲載)

太平洋を背に花の多い馬ノ背を登る

浦河町・広尾町

2007年当時のユニークな山頂標識と日高主稜線の北側の山並み

楽古岳（1471メートル）
らっこだけ

三角錐の姿すっきり

南日高の主稜線上に、鋭く天を突く端正な三角錐の姿の楽古岳。その姿は、十勝側からも日高側からもひときわ目を引く存在である。

ラッコという読みにも興味はひかれる。山名は、楽古川の源流部に由来し、楽古の語源は、アイヌ語のラッコ・ペッ（火を消す川の意）らしいが、一説には海獣のラッコが川に漂着した伝説によるともいわれている。

筆者のこの山への初登は、山を本格的に初めて3年目の1994年。初めて登った日高山脈主稜線上の山である。主稜線上の名前がある山や通称が定着

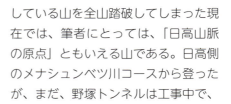

登山口へ向かう途中から望む鋭く尖った楽古岳

している山を全山踏破してしまった現在では、筆者にとっては、「日高山脈の原点」ともいえる山である。日高側のメナシュンベツ川コースから登ったが、まだ、野塚トンネルは工事中で、今の立派な楽古山荘もなく、登山口も現在よりだいぶ手前だった。

『夏山ガイド』を頼りに、沢ぞいの不明瞭な踏み跡を進んだ。数回の渡渉

を繰り返すが、不安感と緊張感の連続だった。上二股まで来て、「楽古岳登山道入口」の標識を見付け、ようやくホッとしたことが懐かしい。

あとは、尾根道なので不安はない。尾根の前半はジグを切って登って行くが、600㍍付近からは、それまで経験のないきつい直登が続いた。「これが日高の山か」との思いで、数歩登っては休みの繰り返しだった。1317㍍の肩からは、端正な三角錐の頂上が頭上に見えた。しかし、両側はものすごい角度で落ち込む高度感のある細い尾根道だった。

1317㍍肩から、端正な形の山頂を見上げる

十勝側の札楽古川コースを登って来たという3人に迎えられて、三角錐のてっぺんに立った。北隣の十勝岳から北側に尖ったピークを連ねる主稜線と、そこから派生するナイフリッジの尾根が幾重にも重なる山並みにすっかり魅了されてしまった。のちに、沢から急な尾根に取り付くワイルドなコースは、日高特有の魅力と分かったが、当時はすべてが新鮮だった。

再訪は、13年後の2007年。十勝側の札楽古川コースからと思ったが、全然手入れがされていないらしい。しかたなく、同じメナシュンベツ川コースを往復した。初登のときの不安感や緊張感、急な登り、山頂からの新鮮な眺めがひたすら懐かしく、自分のステップアップを実感できた山でもあった。

（未掲載）

登山口に建つ楽古山荘

日高主稜線南側の山並み

浦河町・広尾町

ニオベツ川南西面直登沢を遡る筆者(左)と若い大学院生

野塚岳(のづかだけ)(1353メートル)

野塚トンネル手前の翠明橋付近から見上げる野塚岳(山頂は右)

沢直登　野趣富む山行

　1997年に開通した日高と十勝を結ぶ国道236号（天馬街道）は、それまでは遠かった南日高の山々へのアプローチを身近なものにしてくれた。筆者もそのおかげで、この野塚岳をはじめ、ピリカヌプリ、トヨニ岳、オムシャヌプリ、十勝岳などに登ることができた。

　日高山脈をぶち抜く野塚トンネルは難工事で、12年もの年月を要したという。そのトンネルのほぼ真上にそびえる双耳峰が野塚岳で、本峰は東峰である。登山道はないが、野塚トンネル両側の入り口付近から沢を遡って、日帰りが可能な山となった。

　登山道のある日高の山も登り尽くした2002年、こちらの技量や体力を良く知っている札幌のganさんに相談したら、トンネルの十勝側入口から、易しい豊似川ポン三の沢を遡り、野塚岳〜双子山（オムシャヌプリ）〜十勝岳と縦走し、コイボクシュメナシュンベツ川南面直登沢を下る1泊2日の

シャワークライミング
をしながら上を目指す

ルートを紹介してくれた。

　そのことを知った体力抜群の名寄のEIZIさんから熱いラブコールをいただき、心強い相棒ができた。お互いに初めての沢と山ではあったが、水量も少なく、難しい滝もない沢を慎重に遡り、西峰と本峰のコルへ出た。さらに日高らしい岩混じりの主稜線の踏み跡をたどり、先行グループの拍手に迎えられて野塚岳頂上へ到着。入渓から3時間だった。

　その後は、強烈なやぶこぎや岩場を越える稜線歩きで、オムシャヌプリの双耳峰の鞍部で1泊。翌日、十勝岳を越えて、車を置いてある楽古岳登山口へ下山し、ダイナミックでワイルドな縦走登山を遂行できた。

　しかし、この山のメジャールートは、トンネルの日高側入り口から入渓するニオベツ川南西面直登沢である。11年6月下旬、札幌のヤマちゃんをリーダーとする9名のグループに加えてもらった。

　920二股から右股沢へ進むと、斜度がきつくなる。連続する滝でシャワークライミングを楽しみながら高度を上げていく。青空に向かって登っても登っても水流がなくならない。それが消えたと思ったらすぐに稜線だった。あとは、灌木帯の踏み跡をたどるだけですんなり2度目の頂上へ。しかし、残念ながら到着とほぼ同時に発生したガスに巻かれたままだった。

（2016・7・29 掲載）

野塚山頂から
オムシャヌプリ
〜十勝岳〜
楽古岳へ向かう

おまけ情報

　日高山脈がその美しさとナイフリッジの稜線を際立たせるのは厳冬期である。しかし、一般登山者がそれを目にするのはかなり厳しい。そんな中、この野塚岳は、厳冬期でも日帰りで、日高山脈主稜線上のピークに立てる貴重な山である。コースは、野塚トンネルの十勝側入口から1147ピークの北西尾根を登り、1223ピークを経由して本峰へ至る記録が多い。

浦河町・大樹町

ユニークな字体が印象的な２つの山頂標識のそばに立つ筆者

神威岳(かむいだけ)（1600メートル）

登山口付近から眺める神威岳

威風堂々「神の山」

　道内に神威、神居、カムイを冠した山が20座ほどあるが、その代表格ともいえる南日高の名峰である。昔はカムイヌプリと呼ばれていて、山頂に設置されている三角点名も「神居奴振(かむいぬぷり)」である。男性的で威風堂々とした山容は、アイヌの人たちが畏敬の念を抱いて仰ぎ見たであろう、まさに「神の山」である。

　ピリカヌプリとソエマツ岳と合わせて「南日高三山」とも呼ばれ、その盟主でもある。道があるのはこの山だけで、現在のニシュオマナイ川から北西尾根を登る登山道ができたのは1967年だ。

　筆者が初めて登ったのは、一人歩きの山を始めた3年目の94年。初めて日高の山に足を踏み入れたアポイ岳、楽古岳に次いで3山目だった。そのときになぜか地図を忘れた。なんとかなるだろうと出発。ところが、440二股までの林道跡と勘違いして、別の林道に入ってしまった。途中からニシュオ

迫力あるニシュオマナイ川源頭部の岩崖

山頂から南隣のソエマツ岳を望む

山頂から北側の稜線を望む

　マナイ川へ下り、登山靴のままで渡渉したり、崖を迂回したり、水際の岩場に張り付くように進んだりしながら、ようやく440二股に到着した。悪いことは続くもので、今度は、そこから中ノ岳へのルートに迷い込んだ。登頂はできたが、そんな苦い経験が一番の思い出だ。

　それでも北西尾根の右上の凄味さえ感じる同川の源頭部の岩壁、その2年前に設置されたばかりのユニークで立派な山頂標識、北側と南側に延々と続く日高山脈の大展望が印象深い。

　2度目は、名寄のEIZIさんとこの山からソエマツ岳〜ピリカヌプリへのやぶこぎ縦走をもくろんで、頂上で一夜を明かしている。翌朝、雲海の上から昇る朝日と、山並みに映る「影神威」に励まされ、強烈なやぶをかき分けてソエマツ岳西峰までは進んだ。しかし、台風の接近でそれから先の前進は断念。西峰の北西尾根の肩へ戻って一泊。翌日、豪雨の中、やぶ尾根をソエマツ川目指して転がるように下った。筆者は左目の角膜損傷、EIZIさんは肋骨骨折という自分の登山史の中でもっとも凄惨な山行を経験した。

　11年後の2015年秋、3度目の頂上に立った。アクシデントの印象の方が強い過去2回に比べて、この山の魅力そのものをじっくりと味わいながら登り下りすることができた。

（2016・2・5掲載）

新ひだか町

北横山から戻る途中、横山中岳山頂を望む

横山中岳（724メートル）
よこやまなかだけ

新ひだか町三石地区の北側に連なる横山連山

南日高の展望台

　高い山が雪に覆われる晩秋から初冬にかけて、筆者はしぶとく雪の遅い胆振や日高の太平洋岸の低山を目指すことが多い。その中のひとつに日高管内新ひだか町三石地区の北側に横に長く連なる北横山〜横山中岳〜南横山の横山三山がある。圧倒的にアイヌ語由来の多い日高の山にしては、珍しく和名である。

　地図上には北横山と南横山しか記載されていないが、三石山岳会が開削した登山道が、この真ん中の中岳に付けられている。謳い文句は「南日高の展望台」。その持ち味が発揮されるのは、すっかり木々の葉が落ちた時期である。ネット上でも圧倒的に晩秋と初冬の記録が多い。

　初登は2003年秋。そのときは横山中岳だけで終わっている。再訪は、三等三角点のある両側の北横山（725メートル）と南横山（655メートル）も含めた三山を踏破した14年11月だった。

　登山口へ向かう道から眺める3つの

登山道の450㍍ポコから見上げる横山中岳の頂上

北横岳への途中から望む1839峰

ピークは、中岳がもっとも端正でいかにも山塊の盟主といった感じである。登山口付近のカラマツの名残黄葉を楽しみながら牧場を抜ける。5合目極楽平からは山頂が頭上に見え、緩むことのない急登が続く。

1時間半で中岳頂上へ到着。頂上の少し右側へ移動すると、南日高の盟主神威岳〜ソエマツ岳〜ピリカヌプリが連なり、その右手にはアポイ岳も見える。振り返ると、光り輝く太平洋と手前の平野部や丘陵地帯ののどかな風景が広がる。

ひと休み後、まずは北横山へ。少し下ると、ピセナイ山とその右奥にカムイエクウチカウシ山〜1823峰〜1839峰の連なりが見えた。縦走路の稜線や斜面は膝丈より低いミヤコザサで覆われ、登山道のような鹿道が続く。2つのピークを越えて、50分で北横山に到着。再び中岳へ戻り、今度は南横山へ。こちらはアップダウンの激しいルートだった。こちらも同じ50分で到着。どちらも三角点以外には山頂を示すものはなかった。

3度目の中岳山頂への登り返しは回避して、手前の鞍部から浅いササ斜面を横切って登山道尾根へ合流した。転がるような急な下りの辛さは、眼下に広がる太平洋と手前の牧歌的な展望が癒してくれた。冠雪した日高山脈の展望には少し早すぎたが、夏山と雪山のはざまに手軽に登れるお勧めの山である。

（2015・10・6掲載）

南横岳への途中から眺める太平洋と三石川流域の平地

新ひだか町

天測点の台座が残る頂上。その奥に真っ白なカムイエクウチカウシ山とピラミッド峰が見える

ペラリ山（718メートル）

頂上から望む真っ白なカムイエクウチカウシ山（左）とピラミッド峰（右）

日高測量の基礎に

　11月後半から12月にかけては、登る山が限られてくる。そんな時に思いをかなえてくれるのが、積雪の遅い日高管内の海に近い山だ。その中のひとつが新ひだか町のペラリ山。

　1898年（明治31年）、陸地測量部の測量官・舘潔彦が、ここを一等三角点に選んだ。点の名称は「比裸騾（ペララ）山」。高いやぐらを建ててこの三角点と、カムイエクウチカウシ山、楽古岳などの一等点を結んで観測をしたという。日高地方の測量の基礎となった山だが、ペラリは名の由来が不確かで謎の地名とされている。

　その後、映画化された新田次郎原作の『剣岳・点の記』のモデル柴崎芳太郎測量官は、1913年（大正2年）、ここを神威岳、ピリカヌプリ、ペテガリ岳などの二等点観測の基点とした。実際それらの山にも登り、測量や三角点の埋設もしている。まさに、日高山脈の測量登山の出発点となった山である。

　また、54年（昭和29年）には、道

> 天測点とは、天文測量を実施するために設置された基準点のこと。1954年から5年間だけこの測量が実施された。北海道では、この山のほかに馬追山（由仁町）・籠射峰山（稚内市）・和寒山（和寒町）・当別丸山（北斗市）・写万部山（長万部町）・カムイロキ山（足寄町）・仁多山（弟子屈町）の全部で8山存在する。なお、真北の方向にこの天側点と対になる子午線標が設置されているが、それを探すのが点マニアの間で密かなブームになっている。

おまけ情報

西側の牧場から望むペラリ山(右)

内で8ヶ所しかない天測点が設置されている。これは三角測量で求められた位置座標を補正するための天体観測の基準点である。今でも頂上に残っているコンクリート製の大きな石柱がその台座だ。

そんな歴史を誇る山だが、登山道ができたのは2001年と新しい。それも、当時の静内町が近くのピセナイ山で毎年実施してきた町民登山会が道路崩壊で実施できないとして、急きょこの山に登山道を整備したという。

筆者がその情報を得て、最初に登ったのはその2年後。登山口までの荒れた林道を車で走るのが大変だった。登山道は丈の低いササで覆われた急な尾根に続いていた。眼下の静内川沿いに広がる競走馬の牧場と太平洋の眺めが爽快だった。1時間も掛からずに登頂し、由緒のある天測点や一等三角点と対面できた。

13年10月中旬、葉の落ちた樹間越しに雪化粧した日高主稜線の展望を期待して、10年ぶり再訪した。奥で行われていた大規模伐採作業のお陰で林道がすっかり修復されていた。

数日前に降った雪が微かに残る頂上からは、真っ白な日高主稜線の盟主カムイエクウチカウシ山と鋭く天を突くピラミッド峰、その右側には南日高の山々の連なりを眺めることができた。

（2013・10・23掲載）

静内川沿いの競走馬の牧場が連なる静内平野

新ひだか町

頂上からは、壮大な日高山脈の連なりが広がる

ピセナイ山 (1027メートル)

圧巻 壮大なパノラマ

あちこちに展望を売りにする山は多いが、この山ほど、その展望が目的で登られる山は他にあまり例がないだろう。比較的手軽に登れて、頂上から日高山脈主稜線の壮大な大パノラマが広がる「日高山脈の大展望台」としてその名を馳せている山である。

日高山脈と西側の海岸線とのほぼ中間、静内ダムの東側に位置する。静内川沿い道を静内ダムへ向かうと、その右奥に一段と高く鋭角的な姿を見せている。日高山脈の前衛峰ではあるが、その中の盟主といった風格を感じさせる。

山名は静内ダムに注ぐピセナイ沢川

9合目から頂上を望む

の水源にあるためらしいが、ピセナイのピセの意味がよく分かっていない。

インターネット上に公開されている山行記録を見ると、晩秋から初冬にかけてのものが非常に多い。それは、雪の遅い南日高にあり、この時期冬型の気圧配置になると晴れることが多いこ

林道歩きの途中で目にしたソラチコザクラの群生

と、さらには、その年によって違いはあるが、青空の下に白く雪化粧した日高山脈の連なりが期待できるからであろう。

筆者がこの山に初めて登ったのも11月上旬だった。1996年、晩秋の名残紅葉とサラブレットの馬たちを眺めながら登山口へ向かった。地元山岳会の手で整備された快適な登山道を、落ち葉を蹴散らし、霜柱をザクザクと踏み崩しながら頂上へ。

頂上到着と同時に一気に眼前に広がった壮大な大パノラマはうわさにたがわぬものであった。今でこそ主稜線上のピークは全て踏破しているが、当時はまだ10座ほどしか登っていなかった憧れの日高山脈だった。その核心部であるカムイエクウチカウシ山、1839峰などを目の前にして、しばしぼうぜんとその連なりに見とれた。

しかし、よくよく見たら、その稜線に雪はなく黒いままだった。またくっきりという感じではなかったが、端から端までの山座同定に時間を費やし、未踏のピークへの登高意欲を静かに燃やしたものだった。

このときは、40人ほどの登山者に出会い、この山のこの時期の人気の高さに驚いた。みんな白い稜線を期待して来ただけに、異口同音に無念さを口にしていた。

再訪は、初回に眺めては心ときめかせた山々をほぼ登り終えた11年後の2007年、確実に日高山脈がまだ残雪に覆われている5月の良く晴れた日だった。林道歩きでは、苔むした岩崖にへばりつくように幅30㍍ほどに亘って、一面に咲くソラチコザクラの大群生に感激し、意外にも多い登山道沿いの春の花を楽しみながら2度目の頂上へ。

青空の下に期待通りの白い連なりが南端のアポイ岳までくっきりと広がっていた。特に最近2回の縦走でつなげたエサオマントッタベツ岳〜ペテガリ岳の連なりが、真正面に大きく見えるのがうれしかった。

（2012・11・2掲載）

高見ダムを挟んだカムイエクウチカウシ山〜1839峰〜ペテガリ岳の連なり

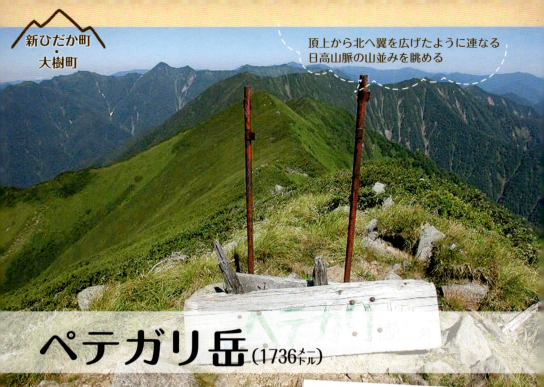

新ひだか町・大樹町

頂上から北へ翼を広げたように連なる日高山脈の山並みを眺める

ペテガリ岳(1736メートル)

連なる峰　秀麗さ随一

　「遙かなる山」の異名を持つペテガリ岳。東面に3つのカールを抱く秀麗な山容は日高随一とも言われる。知名度も高く、岳人たちの憧れの的でもある。異名の由来は、雪崩遭難に見舞われながら、積雪期に初登を果たした北大山岳部の積年の壮絶な挑戦から来ているらしい。

　しかし、われわれ一般登山者にとっても、1996年以降、「遙かなる山」となってしまった。西尾根コース登山口のペテガリ山荘へ至る静内中札内線が通行止めとなり、日帰りが不可能になったからだ。現在、ペテガリ山荘へ

この山の登山拠点となるペテガリ山荘

は、神威岳登山口の神威山荘からの峠越えが一般的だ。

　山名はペテガリ川の水源にあることにちなむ。語源はアイヌ語のペッ・エ・カリ（そこで回っている川の意）らしい。地元山岳会はペテカリの名を用いていて、山頂標識もそうなってい

2回テント泊したことがあるペテガリCカール

> **おまけ情報**
>
> 幻の「日高横断道路」として知られる「道道111号静内中札内線」は、1984年の着工から19年の歳月に約540億円の建設費が費やされた。しかし、さらに40年近い工期と約980億円の資金が必要であったため、2003年北海道開発局により計画の凍結（実質中止）が発表されている。

る。

　筆者がこの山に初めて登ったのは、まだペテガリ山荘まで車で入れた94年。アップダウンの激しい急なコースを4時間弱で登って驚かれた。日高の山に足を踏み入れてまだ4山目だった。それだけに、北へ翼を広げたように連なる山並み、襟裳岬へ向かって収れんするかのような南の山並みは、その後の日高山行への大きな弾みとなった。特に、サンシビチャリ川を挟んでそびえる孤高の鋭峰1839峰に強い憧憬の念を抱いた。

　その10年後、ポンヤオロマップ岳を経由する長大な東尾根コースからペテガリ岳へ登り、コイカクシュサツナイ岳までの単独縦走を目指した。途中で1泊、手ごわい低木やハイマツ、岩稜を越えて2度目の頂上を踏んだ。

　北へ向かう稜線上では、思いがけず日高山脈特産種のカムイビランジとの再会に感激。その夜は、Cカールでペテガリの懐に抱かれて一夜の夢を結んだ。しかし、翌朝、濃いガスと強風に阻まれて縦走を断念。再び頂上まで戻り、西尾根コースを下った。結果的に東尾根から西尾根への2泊3日の縦走に終わったが、十分満足だった。

　コイカクシュサツナイ岳までの縦走は、その2年後、頼もしい助っ人札幌のヤマちゃんの同行を得て、リベンジがかなった。西尾根コースから3度目の頂上を踏み、ペテガリ山荘泊も含めて3泊4日の超ハードな山行だった。

（2013・9・6掲載）

1301ポコから山頂までの急な尾根を見上げる

1839峰を背景にしたヤオロマップ岳山頂の60代カルテット

新ひだか町

1839峰（1842メートル）
いっぱさんきゅうほう

はるかなる孤高の鋭峰

　日高山脈には美しい響きを持つアイヌ語の山名が多い。しかし、この山は里からは見えないらしく昔から名前がなかった。古くから岳人の間で、「いっぱさんきゅう」「ざんく」などと標高の数字の語呂合わせで呼ばれる人気の山だった。

　国土地理院が1839峰を正式な山名と認め、地形図に掲載したのは1991年（平成3年）。ただし、標高はその後の測量で1842㍍に修正されている。

　中部日高のヤオロマップ岳から西へ延びる支稜線上にそびえる「孤高の鋭峰」と称される山容、独特の山名の響

前日、コイカクシュサツナイ夏尾根頭にテントを張り終え、1839峰（右上）を眺める

き、一般的には2泊3日が必要なはるかなる山であることも魅力となって、多くの岳人が憧れてやまない山となってきた。

　筆者がこの山に初めて到達できたのは、天候に恵まれず3年連続で途中撤退を繰り返し、不退転の覚悟で挑んだ99年の夏だった。強風でテントが揺すられて一睡もできないまま迎えた2

日目、濃いガスと強風の日高山脈と一人で闘っているような不安感と孤独感の中、強烈なハイマツをかき分け、細く急な稜線上の先の見えない多くのピークを越えた。頂上を示す赤い布切れが巻かれた石に手を付き、「来たぞ!」とつぶやいた。「北海道百名山一人歩き完登ゴール」の瞬間だった。だが、それを祝ってくれるはずの展望はなかった。

以来、「晴れた1839峰への再訪」が念願のまま14年が過ぎた。2012年夏、札幌の岳友かすみ草さんの初登頂をかなえてあげたいと願う札幌のyoshioさんと江別のいさむちゃんから、60代カルテットによる「かすみ草を1839峰に咲かせ隊」のお誘いをいただいた。

道内で最も急な標高差千㍍を超えるコイカクシュナイ夏尾根を休み休み登り、同尾根頭にテントを張った。深い谷を挟んで目指す1839峰が迎えてくれた。翌朝、雲海の上のご来光を仰ぎ、まだ薄暗い中を出発。ヤオロマップ岳から先の支稜線上はやぶが開けてとても歩きやすくなっていた。鋭くとがった1839峰へ向かう展望も源頭部に広がる花畑もすべてが新鮮だった。頂上は標識が2つもあるメジャーな山になっていた。

テント場からの往復に14時間を要した思いやりのゆっくりペースだった。かすみ草さんの初登頂とともに、晴れた1839峰の再訪がかなったことに心から感謝した。(2014・8・8掲載)

前衛峰を越え、岩場もある山頂までの急登に取り付く

おまけ情報

ヤオロマップ岳山頂から十勝側の踏み跡を下って行くと、チョロチョロだが、秋でも枯れない湧水がある。2度目の山行でもテント場まで戻るときに、途中から先に下って、冷たい水を用意して、みんなに感謝された。

疲れを癒してくれるヒダカゲンゲ

中札内村
新ひだか町

カムイエクウチカウシ山北面の雄姿。
日高山脈主稜線場の1917峰から

カムイエクウチカウシ山(1979メートル)

稜線絶景　岳人の憧れ

3回目の山頂。担ぎ上げた
山頂標識を前に（2015年9月）

「いつかは立ちたい、あの頂上に！」…日高山脈中央にそびえるピラミダルで重厚な山容。日高の山に登ってその姿を目にした者は、誰しも感嘆するだろう。道内岳人憧れのナンバーワンの名峰・カムイエクウチカウシ山。

標高では、山脈第2峰ではあるが、間違いなく日高主稜線の盟主だ。筆者にとっては、いまだに「わたしの一名山」として君臨する道内一押しの山である。

舌を噛みそうな長い山名は、アイヌ語で「熊（神）が転げ落ちる山」に由来。しかし、これは純粋のアイヌ語ではなく和製語らしい。登山界では通称カムエクで通っている。また、1970年（昭和45年）夏、福岡大生3人が犠牲になったヒグマ襲撃事件の山としても有名である。

整備された登山道はない。一般ルートの八ノ沢コースでも、沢の渡渉と滝

の高巻きの連続、さらに、熊が多い八ノ沢カールから先には細く急峻な稜線歩きが待っている。

　筆者の登頂は、このコースからが最初。2回目はエサオマントッタベツ岳からコイカクシュサツナイ岳までの3泊4日の縦走途中で踏んでいる。1回目の山行当時、札内川七ノ沢出合まで車で入れたこともあり、「日帰り単独行」にこだわって挑んだ。

　稜線が紅葉に彩られた9月中旬、帯広出張の翌日に機会は訪れた。日帰りは難しく、道迷いや滑落も多く、熊と遭遇しやすいといわれる中、ハラハラ・ドキドキの連続ながら念願を果たし、「お山の大将われ一人」のエクスタシーに酔った。

　下山時、1週間以上もテント泊で、氷河地形の調査をしていた道内某大学の大学院生に会った。彼とはその後、メールでのお付き合いが続いた。数年後、南極観測越冬隊員になった彼から

縦走中の稜線で
初めて目にして
感激したカムイビランジ

縦走した北側の稜線から奥の
カムイエクウチカウシ山を望む

おまけ情報

2015年9月、札内ヒュッテ前のゲートからマウンテンバイクに跨り、七の沢出合いまで走った。その後、八の沢出合いでテントを張り、2泊3日で、11年ぶり3度目の頂上に立った。このときは、テント場で一緒になった苫小牧の3人と行動を共にした。彼らは、本州の岳友から送られてきたという、業者が作成した素晴らしい山頂標識を担ぎ上げて設置した。それを前にして感激の記念撮影となった。

カール下の滝のそばの岩壁をよじ登る

下山途中、南隣のピラミッド峰を見上げる

お土産として南極の氷が送られてきた。閉じこめられた空気の泡がプチプチと音を立てる氷を浮かべて、ウィスキーのオンザロック。この上ない贅沢だった。

2回目の山行は退職後に実現した。「次はぜひこちらから」と岳友から送られてきた主稜線上の北側に位置する1917峰から撮ったカムエク北面の雄姿の写真がきっかけだった。

退職した2004年の夏、やはり単独で、エサオマントッタベツ岳から南下する3泊4日の縦走にトライした。途中の十ノ沢カール上の稜線は高度感満点で、初めて目にした岩場に咲くカムイビランジに感激した。さらに、1917峰では、デスクに飾って夢を膨らませてきた写真と同じアングルでシャッターを切り、大切な宝物となった。

この2泊目はカムエク山頂の予定だった。しかし、夕方、雷雨に襲われ、山頂手前の熊の糞がごろごろしている場所で眠られぬ夜を明かした。翌朝たどり着いた頂上は濃いガスの中だった。

（2012・8・11掲載）

山頂を目指して八ノ沢の河原を進む

紅葉に彩られた八の沢カール壁の稜線と頂上（奥）

新冠町
新ひだか町

新冠富士にて。
後ろはこのあと登頂した
イドンナップ岳

イドンナップ岳(1752メートル)

屈指のロングコース

　日高山脈主稜線のナメワッカ分岐から西へ延びる長大な尾根の上にそびえる奥深い山である。1993年、新冠山岳会により途中の新冠富士（1667メートル）まで登山道が開かれている。しかし、そこから本峰まではやぶの中の踏み跡をたどることになる。『夏山ガイド』でも、片道7時間30分と紹介されていて、ぎりぎり日帰り可能な道内屈指のロングコースである。99年に挑んだが、朝寝坊して手前の新冠富士で断念せざるを得なかった。

　2006年、そのリベンジも兼ねて、この山に登りたいと話していた千歳のたかさんを誘った。同じ夏道往復はつまらない。登山道ができる前に利用されていたという、新冠ダムに流れ込むシュウレルカシュペ川を詰めて、新冠富士の手前からイドンナップまで往復し、夏道を下る計画を立てた。

　1日目は、3時間ほどの遡行で、730

現在は見当たらなくなったという、
2006年当時の立派な山頂標識

おまけ情報

この登山口の約6㌔先に新冠山岳会の管理するイドンナップ山荘がある。この山に日帰りで挑戦するには、前日に入ってこの小屋に泊ると便利だ。なお、「日本百名山ひと筆書き」の田中陽希さんが歩いて以来人気の高まっている幌尻岳新冠コースの人たちの利用も多い。利用料金は1000円。

三角点ピークから本峰を望む

㍍付近の右岸の河畔林の中にテントを張った。2日目は、はるか頭上から連続する高度感のある小滝の遡行が続いた。水流のなくなる1350㍍付近からやぶに突入し、1450㍍付近で予定通り夏道に出た。縦走装備からサブザックに、沢靴からトレイルランシューズに替えて、まずは新冠富士を目指した。

やがて、7年ぶりの新冠富士に到着。目指すイドンナップ岳はまだまだ先である。両手でハイマツなどのやぶをかき分けながらのアップダウンの激しい尾根歩きが続く。新冠富士から小1時間で三角点ピーク（点名は糸納峰(いどんなっぷ)）に到着。ここでたかさんと別れて一人で前進。わずか5㍍しか高くない本峰を目指して、標高差50㍍以上の厳しいアップダウンを繰り返した。

不似合いなほど立派な頂上標識に迎えられて、念願の本峰に到着。2日目のスタートから6時間だった。ガスが湧きだして、周りの眺望には恵まれなかったが、リベンジを果たした満足感にかげりはなかった。

縦走装備を解いた地点でたかさんと合流し、長い夏道を下った。ここも登り下りが激しく、なかなか標高の下がらないもどかしさや疲れと闘いながらようやくゴール。2日目だけで12時間行動だった。当時62歳だった2人にとっては、印象に残るワイルドでハードな大満足の山行であった。

（2017・2・3掲載）

小滝が連続する高度感のある遡行が続くシュウェルカシュペ川

帯広市・中札内村

白く連なる日高山脈主稜線をバックに、十勝幌尻岳頂上で休憩する筆者

十勝幌尻岳(1846メートル)

日高山脈の大展望台

　帯広付近から日高山脈の山並みを眺めると、その手前にそびえる大きな山が十勝幌尻岳。その存在感の大きさは、まさに、アイヌ語の山名であるポロ（大きい）・シリ（山）そのものである。

　昔の地形図には、単なる「幌尻岳」と記載されていた。日高山脈最高峰の幌尻岳と区別するために山仲間は通称で「勝幌（かちほろ）」と呼んでいた。それが、1976年発行の2万5千分の1の地形図から「十勝幌尻岳」と名称が変更されて紛らわしさから解放された。

　この山に初めて登ったのは、登山を始めて3年目の秋だった。先行者をすべて追い越したらしく、思いがけないその日の一番乗りだった。目の前に両腕を広げるように連なる日高山脈の展望に圧倒された。すっきりと尖った札内岳を中心に日高山脈の北から南まで全部が見渡せる感じだった。憧れのカ

左端の札内岳〜幌尻岳〜北日高の山並みを望む

十勝平野から直接そそり立つ十勝幌尻岳

さをもっとも際立たせるのが積雪期である。十勝晴れの下、日高山脈を眺めながらの爽快なスキー滑走が好きで、毎年3月第1日曜日に開催される「十勝大平原クロスカントリースキー大会」に参加している。中でも、この大きな十勝幌尻岳へ向かって真っすぐ進む平坦なコースは最高だ。

ムイエクウチカウシ山と八の沢カールが表面から眺められ、九の沢・十の沢カール、幌尻岳の七ツ沼カールなどカール群の眺めも見事。「日高山脈最高の展望の山」はうそではなかった。このときに眺めた主稜線上の山々をすべて踏破してやろうと決意し、その後のそれらの登頂や縦走のきっかけとなった。

　鋭くとがった峰々をつなぐナイフリッジの稜線とその山肌を急峻に削いだカール群が魅力の日高山脈が、美し

2011年の4月下旬、時期的にはやや遅れに失した感はあったが、まだ雪に覆われているこの山へ向かった。幸い、登山口まで車で入ることができた。ずっとスキーで登りたかったが、川のへつり部分でかんじきに履き替えざるを得なかった。春の腐れ雪に膝まで埋まりながら、悪戦苦闘して標高差950ﾒｰﾄﾙの急な夏道尾根を真っすぐ登った。その苦労は、ポカポカ陽気の下にピーク部分を少し黒くしながらも北から南まで連なる白く長大な山並みが報いてくれた。　（2014・4・25 掲載）

カムイエクウチカウシ山をズーム

おまけ情報

中札内村市街地にある中札内道の駅は、向かいに大型スーパーがあり、道の駅としての環境もすばらしく、車中泊に適した道の駅だ。この山もそうだが、札内川や戸蔦別川沿いの林道から登る山の時や「十勝大平原クロスカントリースキー大会」の時は、必ず利用している。10分ほど南へ走れば、隣町の更別村福祉の里温泉がある。

帯広市・新冠町

札内JPからモルゲンロートの
エサオマントッタベツ岳を望む。
左奥は幌尻岳

エサオマントッタベツ岳（1902メートル）

2つのカール抱く秀峰

ルート上の核心部となる
北東カール下の滑滝を登る

　大きな北カールと北東カールを抱いた北日高を代表する秀峰である。筆者は日高の山では、カムイエクウチカウシ山に次いで好きな山だ。その理由は、比較的易しい長い沢を遡行(そこう)して北東カールへ。さらにカール壁を登り、稜線上の頂上を目指すという日高の山ならではの魅力にある。

　山名は、戸蔦別(とったべつ)川支流のエサオマントッタベツ川に基づき、北大山岳部の伊藤秀五郎らが1928年に命名したとのこと。

　登頂したのは3回だけだが、エサオマントッタベツ川は、5回遡って6回下っている。それだけにいろいろな思い出が多い。

　強烈な印象は、単独で初登した2000年の夏だ。ワクワクドキドキしながら、初めての長い沢を遡り、核心部の長い急な滑滝(なめたき)を越えて北東カールに出たまでは良かった。しかし、稜線

172　日高の山

までのルンゼ（岩の割れ目）を間違えて、垂直に近い岩壁で進退窮まった。極限の恐怖心と闘いながら泥壁状の急な斜面を恐る恐る横切って、命の心配のないやぶ尾根に移ることができたときの安堵感は今も忘れない。

　札内JP（ジャンクションピーク）にテントを張り、翌朝初登頂を果たしたが、下山途中から雨に見舞われた。見る見るうちに増水し、停滞も考えたが、たまたま写真家の伊藤健次さんと一緒になった。彼のリードでロープを出してもらったり、彼も初体験という急なササやぶ斜面を大きく迂回したりして無事下山できたが、日高の山の恐ろしさを体験した山行だった。

　その後、札内岳からも登頂し、エサオマントッタベツ川からは、カムイエクウチカウシ山経由コイカクシュサツナイ岳まで3泊4日で縦走した。その後、ナメワッカ岳を目指した山行では、悪天候やハプニングなどで途中で引き返して、3回も同川を往復した。

北東カールは快適なテント場

　素晴らしい思い出は09年秋、札幌のヤマちゃんをリーダーとする岳友3名に誘われて、2泊3日で2ピークを越えた沢縦走だ。戸蔦別川支流のカタルップ沢〜神威岳〜新冠川〜北カール〜エサオマントッタベツ岳〜エサオマントッタベツ川と巡った。錦秋の日高の山々の美しさや初めて目にした主稜線を乗り越える滝雲が目に焼き付いている。

　なお、厳冬期は一般登山者には厳しいが、春の残雪期には、北日高の神威岳にテントを張ってピストンしている事例が多い。　　（2016・1・8掲載）

エサオマントッタベツ山頂下のテント場から眺めた主稜線を乗り越える滝雲

札内JPから眺めた
幌尻岳上空の夕焼け

平取町・新冠町

戸蔦別岳直下から幌尻岳と七ツ沼カールを眺める

幌尻岳（ぽろしりだけ）(2052メートル)

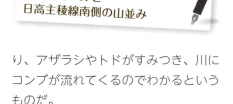

七ツ沼カールと日高主稜線南側の山並み

憧れ　カールの一夜

　大雪山系を除くと道内の山では唯一2千㍍を超す日高山脈の最高峰である。アイヌ語のポロ・シリ（大きい・山）が示すように壮大でどっしりとした山容と、七ツ沼カール、北カール、東カールの三つのカールを抱く姿がこの山の魅力でもある。

　中でも七ツ沼カールは日高山脈最大のカールで、「山上の楽園」とされる。ここで一夜の夢を結ぶことは、筆者も一度だけ体験しているが、岳人の憧れである。アイヌの人々は、山の神カムイが遊ぶ庭と称し、「天上の海」伝説が残っている。山頂には海があり、アザラシやトドがすみつき、川にコンブが流れてくるのでわかるというものだ。

　筆者の初登頂は1995年の秋。一人で額平川の20数回の渡渉を繰り返して幌尻山荘に泊まった。混んでいて一睡もできないまま、夜明け前にスタート。大きな山体と紅葉に彩られた北カール、見渡す限りの大展望にほれぼ

おまけ情報

　この山へのルートは、筆者はまだ歩いたことはないが、2014年に田中陽希さんが「日本100名山ひと筆がき」で利用して以来、人気が高まっている新冠コースもある。奥新冠ゲートに車を停めてから、19㌔の林道歩きは楽ではないが、新冠ポロシリ山荘へ宿泊すると、そこからは日帰りができる。渡渉もないし、山小屋の予約も必要ない。

登山者でにぎわう幌尻岳山頂

20〜40㌔の排泄物を背負って額平川の20回ほどの渡渉を繰り返す「幌尻山荘排泄物汲み取り隊」

れしながら念願の頂上に立った。

　逆光に黒い山体とナイフリッジの稜線を連ねる中日高、南日高の山々、当時はまだ憧れの存在だったカムイエクウチカウシ山や1839峰にしばし見とれた。東隣りにすっくと天を突く三角錐状の戸蔦別岳から続く北日高の山並み、さらにその向こうには大雪連峰が連なっていた。

　その後、幌尻岳には2回、それとは別に七ツ沼を2回訪れている。いずれも北戸蔦別岳経由の千呂露川二岐沢コースからである。その理由は、天候に左右される額平川の渡渉と宿泊には予約が必要な幌尻山荘の対応が面倒だからだ。2013年からはさらに幌尻林道約20㌔間のシャトルバスの予約も加わった。

　ただし、額平川の渡渉部分はその後何度か往復している。数年前まで毎年9月の連休に実施されてきた「幌尻山荘排泄物汲み取り隊」への参加である。20㌔〜40㌔の排せつ物を背負い、転倒が許されない渡渉はかなりの緊張である。

　2度目の登頂は、2008年初夏、大腸がん術後3カ月の体力試しを兼ねての登山だった。北戸蔦別岳までテントを担ぎ上げ、翌日頂上を往復してその日のうちに下山した。3度目は70歳目前の13年秋、日帰り登山への挑戦だった。暗いうちに出発して、12時間40分で往復した。「まだまだやれる」と大いに自信を深めた山となった。

（2014・9・5掲載）

日高町・
帯広市・
平取町

戸蔦別岳から望む
北戸蔦別岳(左手前)と
1967峰(右奥)

北戸蔦別岳(1912メートル)・1967峰(1967メートル)
きたとったべつだけ　　　　　　　　いちきゅうろくななほう

花と稜線の大展望

　日高山脈北部の伏美岳から幌尻岳までの稜線は、比較的歩きやすい縦走路でつながっていて、日高の山では最も多くの花々と北日高の大展望が楽しめる筆者の大好きなコースである。

　そのほぼ中間に鋭くそびえ、最も存在感のある山が日高山脈第3峰の1967峰だ。標高がそのまま山名になっているが、日高山脈にはこのような山が多い。

　その南に位置する北戸蔦別岳は、それほど目立つ山ではないが、日高町の千呂露川支流二岐沢出合からの登山道は、主稜線への最短コースである。沢

北戸蔦別山頂のテント場と
後ろの幌尻岳

装備が不要なこともあり、幌尻岳へのコースとしても最近利用する人が多くなっている。

　この2山に初めて登ったのは、1997年7月下旬。テントを背負い、二岐沢コースから北戸蔦別岳へ登り、1967峰をピストン、天上の楽園・七ツ沼

カールで一夜の夢を結んだ。

　途中の「トッタの泉」の冷たい水で乾いた体を癒し、ハイマツの稜線に出ると、目に飛び込んで来たのが北カールを抱いた雄大な幌尻岳。さらに高度を上げると、戸蔦別岳の鋭峰とこれから目指す北戸蔦別岳から1967峰へと続く稜線、北戸蔦別カールの向こうにはチロロ岳の本峰と西峰などが広がる。

　カール斜面から稜線に掛けては見渡す限り一面の花畑。エゾノツガザクラ、アオノツガザクラ、エゾツツジ、ウサギギク、シナノキンバイなどなど、カメラにおさまった花を数えたら20数種類もあった。

　北戸蔦別岳にリュックを置いて、空身同然で1967峰を目指した。花畑が続く稜線で、道内ではこの辺りでしか見られないミヤマシオガマとも会えた。

　1967峰が近づくに連れて左側が足元からすっぱり切れ落ちてくる。狭い階段のように四角い岩が積み重なっている手前の岩峰を高所恐怖症と闘いながら越えて憧れの頂上に立った。

　隣のピパイロ岳から続く伏美岳など戸蔦別川を囲んで連なる北日高の山々や遠く十勝連峰と大雪山系、南側には幌尻岳やエサオマントッタベツ岳、前年日帰りで踏破したカムイエクウチカウシ山などの大展望に酔った。

　その数年後、ひと月ほど早い時期の花も見たくて、6月下旬、反対側の伏美岳から1967峰を越えて北戸蔦別岳まで縦走した。ピパイロ岳では当たり年だったツクモグサ、ヌカビラ岳のかんらん岩の岩場に咲くカムイコザクラと遭遇し、最高の思い出となった。

　2010年に、そのツクモグサとカムイコザクラを見たいと四国からやってきた法起坊見習いさんと千歳のたかさんとの66歳トリオ山行では、狭い北戸蔦別山頂に2泊し、1967峰とピパイロ岳、まだほとんど雪で覆われていた七ツ沼カールを歩いた。カメラが趣味の法起坊見習いさんにとっても、花と山岳の撮影に大満足の山旅となった。

（2013・6・11掲載）

縦走路南側から眺める1967峰

ヌカビラ岳のかんらん岩の岩場に咲くカムイコザクラ

伏美岳山頂から幌尻岳(左)〜ピパイロ岳(右)までの稜線を眺める

伏美岳(1792メートル)・ピパイロ岳(1916メートル)

鮮烈 大パノラマ

　日高山脈北部に位置し、幌尻岳までつながる縦走路の起点になっている伏美岳とその西に連なるピパイロ岳。比較的容易に日高山脈の核心部に入れ、中日高と北日高の山々とカール地形が一望できる展望の山である。伏美岳までの登山道は、芽室山の会が1977年(昭和52年)に17年の歳月をかけて完成させ、同時に伏美岳避難小屋も建てている。

　伏美岳は山麓の伏美地区の名にちなむ。伏美は伏古村と美生村から一字ずつ取っての命名とのこと。ピパイロ岳は源流となる美生川のアイヌ語ピパイ

ムラサキヤシオツツジの回廊を登る

ロペッ(沼貝の多い川の意)に由来するとされる。

　この両山の初登は、初めて日高の山に足を踏み入れた94年初秋。夏に南日高のアポイ岳、楽古岳、神威岳、ペテガリ岳と登り、その後、北日高の展望台というキャッチフレーズにひかれ

ピパイロ岳の岩の稜線

ピパイロ岳に咲くツクモグサ

てこの両山を目指した。

　伏美岳の山頂に着いた途端、目の前に広がる初めて目にする大パノラマに体に電気が流れたような感動は今でも忘れない。朝日を受けて輝く幌尻岳のどっしりとした姿、秋晴れの空にすっくと天を突く戸蔦別岳、そこから続く北戸蔦別岳と二つのカール。そして、1967峰とこのあと目指すピパイロ岳など。

　その奥にもカムイエクウチカウシ山や1839峰などの連なりとカール群、陽光を反射して輝く戸蔦別川に流れ込む長い数々の沢、北の方にはチロロ岳〜芽室岳〜剣山、その後方に夕張山地〜十勝連峰〜表大雪〜東大雪〜阿寒の山々などなど。

　さらに、ダケカンバやハイマツの幹が入り組む稜線の荒れた踏み跡を上り下りしながら核心部となるピパイロ岳を目指した。先客の男性に迎えられて、白っぽい大きな岩が積み重なった頂上に到着。日高の山や沢の魅力を熱く語る先客との出会いと1時間もの山談義は超鮮烈だった。

　その数年後、沢登りのスペシャリストである札幌のganさんと懇意になった。のちにその先客が彼だったことが判明。彼はその出会いのことを著書の中でコラムとして紹介してくれている。

　それ以来、日高ならではの魅力のとりこになり、縦走などでどちらのピークも3度ずつ踏んでいる。そのたびごとの多くの出会いも含めて、何度訪れても最初の感動はあせることはない。

（2015・6・19 掲載）

ピパイロ岳西峰から1967峰を望む

日高町

チロロ岳本峰をバックに西峰に立つ伊達市のNさん

チロロ岳 (1880メートル)

小滝連続　雪渓も

　一度聞いたら忘れられない軽快で美しい響きを持つチロロ岳。千呂露川(ちろろ)の源流に位置することが山名の由来のようだが、その語源は不明である。北日高北部の主稜線から日高側に大きく張り出した支稜線上にどっしり座った双耳峰である。本峰は一面ハイマツで覆われているが、西峰（1848メートル）は、夕張岳やアポイ岳と同じ塩基性かんらん岩の山で花畑が広がり、特殊な高山植物もあり、「1粒で2度おいしい」山である。

　初登は4度目でようやく快晴に恵まれた1996年7月。一般ルートは2つ

パンケヌーシ林道途中から眺めるチロロ岳

の沢を源頭まで遡るという珍しいコースだ。最初の曲り沢は、斜度が増すに連れて小滝が連続し、野性的で変化に富んでいた。単独行のワクワクドキドキ感がたまらなかった。さらにうれしかったのは、尾根を乗り越した先の明るく開放的な二ノ沢をびっしりと埋める長い雪渓だった。

　爽快な雪渓登りを楽しんだ先の源頭

二ノ沢の
雪渓を登る

部で目に飛び込んできたのは、咲き乱れるシナノキンバイをはじめとする花畑。熊の掘り返しもすごかった。双耳峰の鞍部からは、1967峰の鋭峰を中心としたピパイロ岳から幌尻岳までの北日高主稜線の展望が広がっていた。

　まずは、ハイマツの中に急な登山道がはっきり続く本峰へ。快晴無風の山頂では1時間ほども独り占めの展望を楽しんだ。

　鞍部まで戻り、西峰へ向かった。踏み跡もなく、熊の掘り返しの目立つ花畑の縁を登り、薄茶色のかんらん岩の大きな露岩をよじ登った。稜線の踏み跡の両側に次々と出現する花畑に感激。夕張岳と共通するカトウハコベやまだつぼみのユキバヒゴタイ、ムシトリスミレの群生のほか、メモしただけでも10数種類の花々が目にできた。予想以上の花の山だった。頂上の露岩に腰掛けて眺める本峰もどっしりとした良い姿だった。

　再訪は、17年後のやはり花狙いの7月。登山口で一緒になった、この山は初めてという伊達市のNさんと同行した。前回の経験を生かした、沢にも雪渓にも強いスパイク長靴が功を奏した。荒れた登路はさらにワイルドさを増し、西峰の花畑も健在だった。Nさんは「一人だったら本峰だけで帰ったと思います。山としては西峰の方がずっと楽しいです」と喜んでくれた。

（2015・7・3掲載）

本峰から、
この後登ったかんらん岩を
露出した西峰を望む

西峰への
花畑の中を行く

清水町

断崖絶壁上の前峰から、垂直にそそり立つ頂上岩峰を眺める

剣山(つるぎさん)（1205メートル）

迫力の岩峰や岩塔

十勝晴れの下、朝日を浴びる剣山

　四国の名山・剣山と同名の山で、北海道では珍しい信仰の山である。日高山脈の主脈を外れ、芽室岳から十勝平野に張り出した尾根の末端に位置する。山頂付近の東面は、切り立った岩壁となっており、いくつもの岩峰や岩塔を連ね、クライミングのフィールドにもなっている。

　十勝管内清水町の町史によると、「アイヌ名はエエンネエンヌプリ（とがった山の意）という。1917年（大正6年）、小樽新聞帯広支局長、菅野光民により登山道が開かれた。翌年、この麓に四国から入植した人たちが、四国剣山より剣神社の分霊をここに移し、山裾の大岩石の上に社を建て、霊峰　剣山とし…」とある。

　また、登山口まで除雪されていることもあり、冬も人気の高い山で、日高の山としては特異な存在である。

　筆者の初登頂は95年夏。中間地点の906ピーク（一の森）からがこの山の核心部で、巨岩や岩壁の根元を巻い

頂上の岩に天に向かって埋め込まれた鉄剣

頂上から冬の日高山脈主稜線の山並みを眺める

登山口に建つ剣山神社

　たり、よじ登ったりの変化に富んだコースが続いた。やがて、視界をさえぎっていたガスから抜け雲海の上に出る。足元からすっぱり切れ落ちた断崖絶壁の前峰に立つと、鋭くそそり立つ頂上岩峰が飛び込んでくる。高所恐怖症の自分にはたどり着けるかどうか心配なほどの迫力だ。

　頂上直下の3基のはしごをこわごわ昇り、まさに絶頂の人となる。眼下の十勝平野は見渡す限りの雲海に覆われていたが、夏の太陽が降り注ぐ青空の下には、芽室岳から十勝幌尻岳までの北日高の山々が連なっていた。高度感満点の頂上の岩の上には、鉄剣が天に向けて埋め込まれ、その周りが鎖で囲まれ、独特の雰囲気を醸し出していた。

　3度目の登山となった15年冬、無風快晴の「十勝晴れ」に恵まれた。厳寒の中、アルミかんじきを履いて、前日のものと思われる登山道の足跡をたどった。すぐあとからやってきた帯広の男性と同行でき、雪で覆われた岩場やスリリングなはしごの昇り降りなど、非常に心強かった。

　夏と違って、木々の葉が落ち、モノトーンの雪景色の中にそそり立つ岩峰や岩塔はその迫力を一段と増して、一幅の水墨画を見る思いだった。夏より高度感の増す頂上からは、冬ならではの切れ味を増した北日高の稜線、広大な十勝平野を挟んで連なる真っ白な表大雪から東大雪の山並みを心ゆくまで堪能した。　　　（2015・3・13掲載）

芽室町
清水町
日高町

大きな岩が露出している芽室岳頂上にて

芽室岳 (1754メートル)

日高登山入門の山

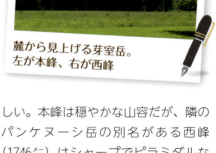

麓から見上げる芽室岳。
左が本峰、右が西峰

　国道274号を日高側から日勝峠を越えて十勝平野を南下すると、右手に堂々たる高さを誇る端正な双耳峰・芽室岳が見えてくる。日高山脈主稜では、この山の北には1700メートルを超す山はない。日高らしい登山を楽しめる北端の山でもある。また、日高山脈の登山史は1923年（大正12年）、北大山岳部の芽室岳登山から始まる。そんな歴史もあり、日高登山の入門の山としても人気が高い。

　十勝管内芽室町史によると、芽室川（メムオロペツ＝湧水池から来る川の意）の源頭にあることが山名の由来らしい。本峰は穏やかな山容だが、隣のパンケヌーシ岳の別名がある西峰（1746メートル）はシャープでピラミダルな姿をしている。あたかも、日高の北の砦のようだ。

　この両方のピークに初めて立ったのは94年の夏。本峰に着いた時にはガスに覆われ、期待していた眺望は得られなかった。それでも、北見の男性に

誘われて西峰を目指した。途中の源頭部の花畑一帯に残る熊の真新しい広大な掘り返しに肝を冷やした。まだ獣の臭いが残っていた。それにもめげずに西峰へ。しかし、迎えてくれたのは降り出した非情の雨だった。

　そのリベンジがかなったのは、10年後の初夏。「日高デビューにふさわしい山を紹介してほしい」と相談を受けた札幌の岳さんと、この山が未踏だった千歳のたかさんを誘っての再訪だった。カメラが趣味の2人と、足元の花々や青空をバックの芽吹きの新緑をカメラに収めながらのんびり歩を進めた。

　前回とは全く逆で、登頂を待っていたかのように、突然ガスが晴れ渡り、日高山脈と十勝平野の大展望が広がった。その粋な演出に歓声を上げてシャッターを押しまくった。

　その後、より日高らしさを味わえる西峰へ。稜線の東側は大きな雪渓に覆われ、前回、熊の掘り返しに肝を冷やした源頭部へは下りなくて済んだ。ハイマツの枝にしがみつきながら必死で登った急な斜面もしっかりとステップが刻まれていた。

　西峰で迎えてくれたのは、われわれ3人が登って来るのを知って「西峰で待っています」とメールをくれた帯広のとしさん。山頂で再会、大パノラマを前に4人で山座同定を楽しんだ。

（2014・6・6掲載）

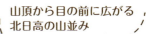

山頂から目の前に広がる北日高の山並み

残雪の上を歩いて西峰へ向かう

おまけ情報

　この山のふもとの「十勝千年の森」がお勧めスポット。広大な大自然を生かした森づくりと農業がテーマの北海道ガーデン。森林浴が楽しめる森の小道、広大な眺めが広がる丘、見て食べて楽しめるキッチンガーデン、ファームガーデン。オノヨーコら、世界トップクラス7名の現代アート展示、不思議な乗り物セグウェイ体験などが楽しめる。

新得町の国道38号から眺めるオダッシュ山（右奥のピーク）と前峰下に広がる大斜面

新得町・南富良野町

オダッシュ山（1098メートル）

大斜面での滑り格別

新得市街地や北部の十勝平野を背に登る

　十勝管内新得町の西に位置するこのオダッシュ山の存在を知ったのは『北海道夏山ガイド』だった。日高山脈主稜線上の山だと知って、えっ？と思ったものである。このときに、日高山脈は北隣の佐幌岳まで続いていることを初めて認識した。

　新得山岳会主催の登山会が毎年開かれ、町民のシンボルの山となっている。新得町内には「オダッシュ通り」もある。山名由来は諸説があり、「新得町史」では語源不明としている。しかも、戦前の地図に山名は見当たらず、いつから呼ばれ始めたのかも不明らしい。しかし、1917年（大正6年）に頂上に設置された三等三角点の点名は「尾田朱山（おだしゅやま）」。地元ではちょっとした謎の山とされている。

　筆者がこの山に初めて登ったのは、2003年の夏だった。午前中の佐幌岳と「日帰りセット」だった。しかし、

山頂から南西側には、残雪期に登った左手の1389㍍峰(双珠別岳)と狩振岳の鋭峰

おまけ情報

　新得町には温泉が多い。中でも面白いのは、JR新得駅のすぐ横にある町営の温泉公衆浴場。ここのお湯は約60㌔も離れたトムラウシ温泉(国民宿舎　東大雪荘)から毎日タンクローリーで運んでくるというのも凄い。そばの町なので、駅前にも美味しいそば屋が多い。

　天候に恵まれず、この山の魅力とされる眺望は空振りに終わった。
　見事な眺望を実体験できたのは翌年の4月中旬だった。所用で出かけた帯広の帰り、山スキーで再訪した。単独行だったが、新得市街地の眺めを背に登り、快晴の下に広がる十勝平野の北側への広がりとその先に連なる東大雪の山々、阿寒の山、夕張山地や十勝連峰、北日高の山々などの大パノラマを独り占めにした。下山時、「前峰」の下に広がる大斜面は重いザラメ雪だった。その際、この斜面はパウダースノーのころに滑ったら絶対楽しいだろうと確信した。
　そこで、翌年2月下旬、「湧別原野オホーツククロカンスキー大会」の帰りにまた寄った。3年連続の山となった。このときは、札幌から山仲間5名が合流してくれた。テレマーカー、山スキーヤー、スノーボーダーなどさまざまなスタイルだった。交代ラッセルで、先頭に立つ者には、「お、ダッシュ!」と冗談が飛ぶ。筆者以外は初めての山だったが、新鮮な角度からの

前峰を目指して東尾根を登る

十勝平野の広がりや周りの山々の眺望に皆さん、大喜びだった。
　下山時の一番の楽しみだった大斜面での滑りだが、上の疎林帯と下の樹林帯は期待通りのパウダー滑降を楽しんだ。しかし、一番楽しみにしていたオープン斜面は、サンクラスト(陽光で解けた雪が再度凍った状態)していて、筆者を含めて2名の山スキーヤーは思うようなターンができず、ボーダーとテレマーカーの天下だった。

(2014・2・28 掲載)

山へ行って元気をもらう

　「行け、山は元気をくれる」「癒しは山にあり」「山は元気の巣」…これは、『花の百名山』の著者・田中澄江さんが90歳のとき（1999年）の著書『山は命をのばす』の目次の中で目にする文言である。当時、まだ現役で、仕事もばりばりこなし、忙しい中で時間を作って山を歩き回っている方の言葉だけに説得力がある。

　この本を読んで以来、私は、「山へ行って元気をもらってくるよ。」と言っては山に出掛けている。「坂口さんの若さと元気の秘訣はなんだね？」という問いには「山でしょうね〜。山からは、山ほど元気をもらえるよ」と答える。
　確かに、精神的にも、肉体的にも若さや元気をもらって「若返られる」気がしてならない。これは、医学的にも自然療法などで証明されている。
　はつらつと仕事をこなして、若さを維持している人は、多かれ少なかれ良い趣味を持っている。自分もその仲間入りがしたいと思って生きて来た。

　90歳の少女・田中澄江さんは言っている。「この騒がしい、薄汚れた世間から、せめて1カ月に一度でも抜け出して、大自然の中に身を置くことは、いのちの救い、いのちの癒し、いのちの糧になる…」と。

　でも、田中さんは、一人歩きには大反対である。山に命をもらいに行ったつもりで、なくしちゃうのが一人歩きだから…ウ〜ン、それでも、山の元気を独り占めできそうな気がする一人歩きは止められない。慎重に、慎重に…。

From　函館
少年の心で山へ

十勝・大雪の山

富良野岳・上ホロカメットク山
三段山
十勝岳・美瑛岳
オプタテシケ山
扇沼山
トムラウシ山
忠別岳
緑岳・小泉岳
赤岳
白雲岳
旭岳
黒岳・北鎮岳
愛別岳
東ヌプカウシヌプリ
白雲山・天望山
ウペペサンケ山
ニペソツ山
石狩岳・音更山
西クマネシリ岳・ピリベツ岳
三国山
武華山・武利岳
平山
ニセイカウシュッペ山

富良野岳の下りから十勝連峰を望む。上ホロカメットク山頂は右端

上富良野町
富良野市
新得町
南富良野町

富良野岳(1912メートル)・上ホロカメットク山(1920メートル)

花と火山地形が魅力

　6月中旬から7月は花鑑賞目的の山行が増える。花狙いで7月中～下旬に何度も訪れているのは、「花の百名山」にも選ばれている十勝連峰南端の富良野岳。荒々しい火山地形の十勝連峰の中ではしっとりとした緑に覆われている。三峰山（1886メートル）～上ホロカメットク山への稜線も多くの花々が楽しめる。このコースは、標高1270メートルにある十勝岳温泉を起点に周回できるのがうれしい。

　富良野という地名はアイヌ語のフラ・ヌ・イ（臭気をもつ川の意）に由来する。上富良野町百年史によると、

ワタスゲが揺れる原始ヶ原から富良野岳を望む

この山のアイヌ名は、原始ヶ原を通過して富良野盆地から十勝へ抜けた松浦武四郎の「十勝日誌」にヲッチシペンサイウシベ（峠の川上の山の意）と書かれている。

　また、上ホロカメットク山の「ホロカメットク」の語源は諸説があり決定

三峰山南斜面を覆うエゾノツガザクラとチングルマ

富良野岳に咲くエゾルリソウ

的なものはないという。約6㌔ほど南東には、きれいな円錐形をした下ホロカメットク山（1668㍍）がある。長い山名なのでそれぞれ「上ホロ」「下ホロ」と呼ばれている。

この富良野岳と上ホロに初めて登ったのは1993年の7月下旬。安政火口手前まで来ると、雲海の上に抜けた。朝日に輝く富良野岳がまぶしい。三峰山から続く上ホロの荒々しい火口壁、その向うに三角錘状の十勝岳、その左の遠くにまだ雪渓の白さが目立つ大雪連峰がどっしりと浮かぶ様がたまらなかった。

三峰分岐から頂上までの急斜面一帯の美事な花畑。種類とその量に圧倒される。このときに初めて目にした北海道の固有種エゾルリソウの透明感のある瑠璃色への感動は強烈だった。

上ホロへ向かう三峰山の稜線の岩と低いハイマツと花々が演出する景観はまさに自然庭園そのもの。十勝岳をバックに、三峰山南斜面を一面覆い尽くして咲くエゾノツガザクラの写真は、最近はあまり目にできなくなっただけに貴重な一枚となった。

上ホロから下山する予定だったが、ずっと相前後して歩く健脚の女性から、「美瑛岳まで行きませんか？ 車を望岳台に置いてあるので、送りますよ」とのお誘いをいただいた。おかげで、思いがけなく十勝岳を越えて美瑛岳まで縦走することができた。

その後、訪れるたびに、最初の感動が強烈だったせいなのか、だんだん花が少なくなっているような気がしてならない。

花の時期だけでなく、紅葉時期の布部川上流の滝巡りコースから「松浦武四郎通過之地」碑の立つ広大な高層湿原原始ヶ原を抜けるコースもお薦めだ。

積雪期の上ホロは雪崩事故が多く発生している。2007年、まさかと思われる11月23日に4名が亡くなっている。その中の2名がそれぞれ、山行を共にし、お世話になった方だけに辛い悲しい事故だった。合掌。

（2013・7・23 掲載）

上富良野町

富良野岳をバックに頂上へ

三段山(1748メートル)

1段目の斜面に広がるタンネの森は、筆者お気に入りの場所でもある

結晶光る軽い雪　感動

　十勝連峰の主稜線から少し北側に外れた前鋭鋒的存在の三段山。名前の通り3カ所の急勾配を持つ三段重ねの穏やかな山容を呈する山である。

　昔から標高1017メートルにある吹上温泉保養センター「白銀荘」などをベースにした山スキーのメッカとして、多くの自然志向のスキーヤーでにぎわう。コースの取り次第で、初級者から上級者まで楽しめる山である。

　この三段山の下部はかつて「国設三段山スキー場」とか「三段山スロープ」と呼ばれていた。白銀荘の前からアカエゾマツ林を切り開いたスロープが始まる。1段目から2段目に掛けての西側には伐採跡も残っている。

　筆者がこの冬山を初めて訪れた時、最も驚いたのは雪の軽さであった。雪の結晶が一片ずつ独立して光って見え、パウダースノーを超えるアスピリンスノーを実感したものだった。そのときは、滑降中に顔まで舞い上がった雪が鼻に入ってむせた。また、腰ほど

山頂(左奥)をバックに沢型斜面を滑り降りる

の深さにもかかわらず、その抵抗感がなく、雲の中を滑るような？感覚ってこんなものかと感動した。

　それもそのはず、この地は、「雪は天から送られた手紙である」の名言を残した雪の結晶の研究者・中谷宇吉郎博士の研究拠点でもあった。博士は旧白銀荘にこもって、極寒に耐えながら、顕微鏡下のガラス板に落ちてきた雪片を来る日も来る日も覗いて撮影に没頭したという。その数3000枚にも及ぶ。

　筆者は、厳冬期に数回と春山スキーと登山道利用の夏山にそれぞれ1回ずつ訪れている。厳冬期は雪崩対策装備を装着し、HYML（北海道の山メーリングリスト）のメンバーと一緒に登っている。しかし、晴天に恵まれたのはごくわずかだ。

　雪質は深い雪をたたえる樹林帯や沢の中、ガリガリに氷結した頂上付近まで、場所により多彩に変化する。かと思えば雪が重くてまったくターンができないこともあったりで、その時々で全く違った条件を呈するのも奥深い魅力である。

　天候に恵まれた単独行の春山では、頂上稜線下に広がるキャンバスに10回以上も登り返しては、自分だけの大半径のシュプールを描いて遊んだ。

　また、冬山とまったく別の趣が味わえる登山道利用の夏山もなかなか魅力的である。冬は雪の下になっているハイマツ帯はそのトンネルをくぐって進む。

　高度感満点の山頂から眺めると、噴煙上げる十勝岳や前十勝、安政火口を挟んだ赤茶けた山肌むき出しの荒々しい上ホロカメットク山の崖、八ッ手岩などの迫力に圧倒される。

（2013・2・1掲載）

2段目の左手には、噴煙を上げる前十勝ピークとその右奥に十勝岳山頂が見える

活動の拠点となる吹上温泉・白銀荘

美瑛町
上富良野町
新得町

十勝岳グランド火口の下までスキーで滑り下りた筆者と十勝岳の頂上

十勝岳(とかちだけ)（2077メートル）・美瑛岳(びえいだけ)（2052メートル）

景観美四季ごとに

　美瑛の丘から眺める十勝連峰の連なりは、何度眺めても飽きない大好きな景観のひとつである。十勝連峰は、昔はオプタテシケという総称で呼ばれていたようだ。その中央部で噴煙を上げるピラミット状の最高峰に「十勝岳」の名称が定着したのは、明治20年代らしい。その北東隣にとがった端正な姿でそびえるのが美瑛岳。

　十勝岳は、有史以前から何度も噴火を繰り返していて、多くの犠牲者や被害を出してきた活火山で、今でも時折、入山規制の措置がとられているので注意が必要だ。

望岳台から見上げる十勝岳

　この2つの山に初めて登ったのは1993年夏である。当初の計画は、1日目に富良野岳から上ホロカメットク山へ、2日目に十勝岳から美瑛岳への予定だった。ところが、富良野岳で会った、筆者と同じような速いペースで歩く地元の女性に誘われて、1日で美瑛

おまけ情報

　十勝岳を正面に見る「白樺街道」、白金温泉街にある「白ひげの滝」とその下の「青い池」は、筆者の好きな観光スポットである。「青い池」の青い理由は、崖の途中から地下水が湧き出ている「白ひげの滝」などからのアルミニウムを含んだ水が、美瑛川の水と混ざると目に見えないコロイド状という粒子が生成され、波長の短い青い光が散乱されやすいため、その光が目に届き青く見えるらしい。

十勝岳から鋸岳越しに望む美瑛岳

岳まで縦走することができた。望岳台まで下りてもまだ午後1時半だった。以来これほどすごい脚力を持った女性には出会ったことはない。

　そのときの十勝岳山頂から眺めた美瑛岳の荒々しい爆裂火口、一木一草もない広い火山灰の稜線に点々と続くポールに沿った踏み跡とその歩み、溶岩を積み上げた美瑛岳の稜線やれき地の斜面を覆うエゾノツガザクラ、メアカキンバイ、イワブクロなどの花々、振り返って眺めたスケールの大きな十勝岳、反対側に広がる大雪の山々などが強烈な印象として残っている。

　その後、紅葉の頃に2度訪れているが、特に十勝側の新得コースは、荒涼とした美瑛側と違って、1500㍍付近まで植生が発達し、紅葉とハイマツとのコントラストを楽しむことができた。また、秋の望岳台から十勝岳〜美瑛岳の周回で目にした絶景も忘れられない。美瑛岳へ伸びる稜線上の真っ黒い火山れきの斜面一面にまるで花が咲いたようなタルマエソウやチングルマなどの草紅葉はほかでは見ることのできない美しさだった。

　1930年にオーストリアの世界的なスキー指導者ハンネス・シュナイダーも滑ったというスキー登山は、2014年春にようやくかなった。頂上に富良野岳から縦走してきた男性が到着。なんと10数年前にクワウンナイ川を一緒に遡行して以来親交を深めている旭川のoginoさんだった。2人で標高差1100㍍、5㌖以上ものロング滑降を楽しみ、大満足だった。（2015・4・10掲載）

十勝岳から美瑛岳への縦走路の火山れき斜面のタルマエソウなどの草紅葉

早春の「青い池」から眺める美瑛岳(左)と十勝岳(右)の山頂部

美瑛町・新得町

草紅葉の美瑛岳斜面の先に見えるオプタテシケ山。後ろはトムラウシ山

オプタテシケ山 (2013メートル)

時忘れる連峰の眺望

美瑛町から見上げる初冬のオプタテシケ山

　十勝連峰の北端に位置し、山名はアイヌ民族の伝説に基づくようだ。美瑛側から眺める北西面は、深い谷にえぐられた東尾根と西尾根に抱きかかえられるような中央稜の上に鋭い頂をもたげる姿がひときわ目を引く。しかし、南北から眺める、どっしりとした姿もこれまた素晴らしい。

　筆者の初登は1994年の夏。白金温泉コースを下山途中、美瑛富士にも寄って10時間で往復している。

　朝もやの原生林に響く小鳥の声、高くはなれない矮性のアカエゾマツ、イソツツジ、ハイマツと岩が織りなす「天然庭園」、美瑛富士の岩れき斜面や雪渓の残る水無川源流に広がる花畑などを堪能しながら、稜線上の縦走路へ合流。さらに、多くの花々で彩られた石垣山とベベツ岳を越える長いコースだった。

　最後の標高差300メートルの鋭い頂上への

頂上から美瑛岳方向を眺める

　登りが辛かった。4時間40分で頂上に立った。それまで日帰りで1つの山を目指しての最長時間だった。
　360度遮るもののない山頂から、さらに先に連なるトムラウシ山をはじめとする大雪連峰、振り返って眺める十勝連峰の雄大な眺望に時のたつのを忘れた。
　再訪は、10年後の2004年5月上旬、十勝側のトノカリ林道の除雪終点から山スキーで登り、雪の上に頂上標識が頭だけ出ている頂に立った。反対側も足元から切れ落ち、腰を伸ばして立てなかった。しかし、この時期でなければ目にできない、ほぼ真っ白な十勝連峰や大雪連峰は、実にぜいたくな眺めだった。次々と登って来る登山者を尻目に、5時間を要して登った長大な斜面を45分で滑り降りた。
　3度目は、13年夏、まだ歩いていなかった十勝連峰と表大雪の連結部分であるオプタテシケ山と三川台(さんせんだい)の間をつなぐことを目的とした、トムラウシ山までの2泊3日の縦走だった。
　2度目の白金温泉コースを重い縦走装備で登った。この山を越えて、大雪渓を下った先の双子池に1泊目のテントを張り、トムラウシ山の南沼で2泊目の朝を迎えた。夜明け前にトムラウシ山頂に立ち、ご来光を待った。山頂部から徐々に燃え立つようなモルゲンロートに染まるオプタテシケ山と十勝連峰の眺めは、至福の贈り物だった。

（2016・12・9掲載）

ベベツ岳のケルンから望むオプタテシケ山

春、美瑛岳(手前)を初めとする十勝連峰を眺めながら東斜面を山スキーで登る

美瑛町

扇沼山山頂から眺める
硫黄沼（扇沼）と
十勝連峰

扇沼山(おうぎぬまやま)（1625メートル）

1450㍍付近の岩の積み重なったロックガーデンと平らな頂上稜線を見上げる

最短でトムラウシ山へ

　扇沼山は、眼下に見える硫黄沼の形が扇に似ていることが由来らしい。美瑛川源流部を挟んで十勝連峰と向かい合う、ゆったりとした台地状の山で、それゆえ台地山とも呼ばれている。1980年ごろまであった、白金温泉から三川台を経由するトムラウシ山へのルートでは、中間地点の山だった。

　登山道は美瑛山岳会の手により、2000年から刈り払いが行われ、02年に一般に開放された。比較的新しい印象の山である。登山口が1130㍍地点にあり、三川台経由でトムラウシ山への最短コースとして、最近利用者が増えている。

　なお、三川台は辺別川(べべつ)と美瑛川、ユウトムラウシ川の源頭が三方から突き上げている台地状の地形で、十勝連峰から表大雪への縦走路と、この扇沼山からのコースとの交差点でもある。

　筆者の初登は02年。旭川のoginoさんの同行を得て、1泊2日の日程でクワウンナイ川を遡ってトムラウシ山

鋭く天を突く兜岩

へ登った。そして、この扇沼山を経由して開削されたばかりの登山道を下った。頂上には、昔の白金温泉からのルートの面影を残す「硫黄沼分岐」という標識が残るのみ。ガスがかかり始め、十勝連峰や、越えて来たトムラウシ山は見えず、眼下の硫黄沼がかすかに認められるだけだった。

再訪は、その6年後の秋。上川中部森林管理署美瑛事務所で林道ゲートの鍵を借り、扇沼山を経由して三川台まで往復した。

1450㍍付近で岩が積み重なったロックガーデンが現れる。岩を伝い歩いて振り返ると、下から針葉樹林帯〜ダケカンバ帯〜低木帯と、植生の変化がよく分かる。左手の紅葉斜面の向こうに旭岳が見えた。

頂上からは、眼下の硫黄沼や紅葉に染まり始めた十勝連峰からトムラウシ山へと続く大パノラマが見渡せる。さらに、前回印象深かった鋭く天を突く兜岩や、カール状の地形に湖沼群が点在する美瑛川とユウトムラウシ川の源流部を近くから眺めたくて、前回より整備されていた登山道を三川台まで足を伸ばした。

三川台には、十勝連峰〜トムラウシ山、扇沼山へのコースの新しい案内標識が立っていた。トムラウシ山を眺め、登山口から往復10時間もあれば日帰りできることを確認して下山した。　　　　　　　（2016・9・16掲載）

三川台越しにトムラウシ山を望む

おまけ情報

この登山口に至る上俵真布(かみたわらまっぷ)林道の入口と台地林道の入口にそれぞれゲートがあり、施錠されている。第1ゲートが電子錠。第2ゲートはダイヤル錠。鍵の借用場所は、上川中部森林管理署（旭川）か上川中部森林管理署美瑛事務所の2箇所。貸し出しは平日の8:15〜17:00。借用期間は最大1週間。数が限られており必ず借りれるとは限らない。第2ゲートの番号も忘れないで聞くこと。

ホソバウルップソウが咲く五色ヶ原とトムラウシ山

トムラウシ山 (2141メートル)

新得町・美瑛町

天上の楽園に感動

　「大雪の奥座敷」と呼ばれ、表大雪と十勝連峰を結ぶ位置にそびえる独立峰的なトムラウシ山。巨大な溶岩ドームが王冠のように見える北側からの姿は、大雪山系のキングをほうふつとさせる。トムラウシは、アイヌ語で「水あかの多い川の意」や「花や葉が多いところの意」などの諸説があり、定説はない。

　『日本百名山』の著者深田久弥は「毅然とした個性的な姿」と表し、全国の登山者が憧れてやまない北海道を代表する名山と呼ばれるようになった。特に北から縦走してくるルート

トムラウシ温泉コースのコマドリ沢の雪渓を登る

は、神々の遊ぶ庭「カムイミンタラ」を堪能できる日本屈指の名ルートとして知られる。

　筆者がこの山に初めて登ったのは1994年、一人歩きの山にはまって3年目の夏だった。五色ヶ原からの雄姿も目にしたくて、トムラウシ温泉から

この山を越えて忠別岳まで1泊2日のテント泊で往復した。

　岩塊を積み重ねた頂上から見た「北海道の屋根」といわれる大雪山系の大パノラマ、奇岩と湖沼と花畑と雪渓の織り成すさまに天上の楽園、ナキウサギの鳴き声が響く「ロックガーデン」や「巨岩帯」、広さとスケールは日本一といわれる五色ヶ原の花のじゅうたん越しに眺めたトムラウシ山の雄姿…。どれもが、新鮮な感動とこの上ない幸福感に満ちたものだった。

　その後、天人峡からも1泊2日で往復している。しかし、この山が全国に知られる存在となったのは、大正期に大島亮吉が国内屈指の名渓谷クワウンナイ川を遡行し、この山を著作で紹介したことがきっかけだったことを知り、その足跡をたどりたくなった。2002年の初秋、旭川の岳友oginoさんを誘って実行に移した。

　夢かうつつか幻かと夢心地で歩いた「滝の瀬十三丁」、さらに、いくつもの滝を越えて源頭の花畑のテン場に一夜の夢を結び、翌朝3度目の頂上に立った。そして、黄金色に染まり始めた黄金ヶ原を眺めながら、扇沼山へと下った。

沼の原湿原から望むトムラウシ山

13年夏には、十勝連峰のオプタテシケ山経由の縦走で、頂上直下の南沼に2泊目のテントを張った。翌朝、見渡す限りの雲海の上で繰り広げられた独り占めのご来光ショーは、この上ない贅沢な時間となった。
（2014・7・25掲載）

クワウンナイ川からの登頂

山頂からの北沼と旭岳方向の展望

おまけ情報

2009年7月16日早朝から夕方にかけて悪天候に見舞われ、ツアーガイドを含む登山者8名が低体温症で死亡した事故は、夏山の山岳事故としては、近年まれにみる大惨事となった。リーダーの天候判断ミスや統率力のなさ、メンバーの体力不足、装備の甘さ、北海道の山の気象条件に対する認識の甘さなどが原因とされている。これを教訓として、どんな山でも常に万全の対策を講じて登らなくてはいけないことを肝に銘じたい。

クワウンナイ川からのアプローチ

山頂から眺めるモルゲンロートに染まる十勝連峰

美瑛町
上川町

エゾカンゾウで覆われた忠別沼湖畔から山頂部を眺める

忠別岳 (1963メートル)

広大斜面彩る花々

崖上の山頂部を眺める

「こらっ、戻るな！ 俺はここだ」と、怒声が聞こえたような強烈な山頂との初対面だった。1994年夏、初めての単独縦走中、東大雪温泉からトムラウシ山を越えて、忠別避難小屋の前にテントを張った。翌朝、頂上を目指したが、ガスが濃く何も見えない。途中で戻ろうとした途端、ガスの切れ間から一瞬だけ、頭上に急な崖を抱いた山頂部が姿を現した。申し訳なさを感じて登頂したが、展望はまったくなかった。

山名の由来となる忠別川の源頭部から切れ上がった崖が特徴の名峰だ。表大雪とトムラウシを結ぶ縦走中に通過することが多い山だが、筆者は3回ともこの山を目指して往復した。

2度目は銀泉台からの日帰りピストンだった。登山口の管理人から「忠別岳の日帰り登山なんて聞いたことがない」と言われた。8月中旬に咲くクモイリンドウとの対面と高根ケ原を歩いてみたいという思いがきっかけだった。

濃霧の中でも楽しい頂上

濃霧の中、一面の草紅葉の縦走路を行く

いろいろな高山植物の花々や広大な展望を楽しみながら高根ケ原を歩いた。1833ピークを越えると、忠別沼と目指す頂上が目に飛び込んできた。広大な斜面は見渡す限り一面チングルマの花で真っ白に覆われていた。エゾカンゾウが咲き乱れる静かな忠別沼湖畔で一休みした後、11年ぶりの山頂に立った。展望に恵まれなかった前回のリベンジを果たし、10時間半で銀泉台に戻ることができた。

3度目は、札幌の仲間から考えてもいなかったコースのお誘いをいただいた。忠別避難小屋に至るヌタプヤンベツ川の遡行だった。ナナカマドの紅葉に彩られた小滝が続く川を遡った。無名の沼に寄り、草紅葉の草原が広がる源頭部を詰めて、小屋での楽しい一夜を過ごした。

翌朝、濃いガスの中、山頂を目指した。一面に広がるチングルマ、ウラシマツツジ、クロマメノキの真っ赤な草紅葉の斜面が印象的だった。山頂からの展望はなかったが、大勢でのんびり過ごす頂上は楽しい。みんなの願いが通じたのか、戻り始めたら、南側の展望が広がった。紅葉の斜面が広がる化雲岳の東尾根とその奥にトムラウシ山が姿を現した。「やはり、トムラウシが見えないと大雪に登った気がしないよね」と全員大満足だった。

(2016・1・22掲載)

忠別沼手前の斜面を埋め尽くすチングルマ

上川町

小泉岳南斜面の花畑。「花の宝庫」は見るものの目を奪う

緑岳（2020メートル）・小泉岳（2158メートル）

広い稜線に花の競演

　2010年、6年間を要して「日本三百名山」すべてを登り終えた。それは、改めて北海道の山の素晴らしさを再認識する機会でもあった。その最たる点は「原始性が残り、登山の醍醐味を満喫できること」と「一面に咲き乱れる広大な花畑」である。代表的な山域は、前者は日高山脈であり、後者は大雪山系だ。

　その大雪山系の花は7月がピークで、この時期ならば、どこでも一面に広がる花畑を楽しむことができる。

　中でも、北海道で一番花の種類の多いとされている小泉岳周辺はまさに花

第一花園から緑岳（手前）と小泉岳（奥）を望む

の宝庫だ。高原温泉～緑岳経由で至るコースと銀泉台～赤岳経由で至るコースが一般的だが、筆者のお勧めは、緑岳と小泉岳の間の稜線である。

　数年前の7月上旬、花期が比較的早い氷河の生き残り、チョウノスケソウをメーンに、国内では大雪山系でしか

十勝・大雪の山

緑岳山頂から旭岳(左)と白雲岳(右)を望む

人気の高いチョウノスケソウ

　見られないホソバウルップソウとキバナシオガマなどを狙い、赤岳コースより花が多いと言われる緑岳コースから再訪した。

　ちなみに、チョウノスケソウは、高山植物の花ファンの間では非常に人気の高い花だ。日本では須川長之助が立山で初めて採集したことからこの名がある。その長之助は、幕末に函館に移住してきて職を転々としていたときに、ロシアの植物学者マキシモビッチに出会ってその助手となっている。筆者の住む函館に縁のある人と分かったら、一日も早くこの花に会いたくなった。

　また、緑岳には幕末の蝦夷地探検家松浦武四郎の名にちなんだ松浦岳という呼称もあるが、武四郎はこの山には登っていない。さらに、小泉岳の山名は大正時代に学術調査をして、大雪山系の存在を広く世に紹介した小泉秀雄氏に因る。

　高原温泉からスタートして、高根ヶ原や石狩連峰やニペソツ山を眺めながら登っていくと第一花園だ。雪渓の残る沼周辺では、一面のエゾコザクラ、チングルマ、エゾノツガザクラなどが迎えてくれた。その上の第二花園はまだ雪渓に覆われていた。

　白雲岳や旭岳やトムラウシなどの表大雪の他、北大雪や東大雪や阿寒の山々などの大展望が広がる緑岳を越えると、俄然花の種類が多くなる。広い稜線の砂礫地帯に一面の花畑が切れ間なく続く。まさに、花の競演地帯だ。「撮って！　撮って！」と争ってアピールする姿に歩くペースがぐんと遅くなる。

　そのときの狙いだった3種類の花々はもちろんだが、オヤマノエンドウ、エゾタカネスミレ、イワウメ、エゾタカネツメクサ、チシマキンレイカ、メアカンキンバイ、クモマユキノシタなどなど、かれんな"美女"軍団に魅了されてすっかりメロメロになったが、この後、さらなる出合いを求めて白雲岳へ向かった。　（2012・7・14掲載）

緑岳登山口となる
大雪高原沼・一番人気の
緑沼の紅葉

上川町

ナナカマドの紅葉の中から、第三雪渓跡の岩れき斜面やハイマツ帯を見上げる

赤岳(2079メートル)

銀泉台の鮮やかな紅葉斜面

見事な紅葉 いち早く

　例年9月の声を聞くと、国内で最も早い大雪山系の紅葉情報が気に掛かる。早い年は9月上旬から始まるので、うかうかしてはいられない。筆者の毎年の道内の紅葉巡りは、この大雪山系からスタートして道南の平地で見納めとなる。11月中旬まで約2カ月間におよぶ。

　大雪山系で紅葉が楽しめる名所はいくつかあるが、登山口が1500メートルにある銀泉台からの赤岳がお勧めだ。銀泉台そのものも紅葉の名所でここは観光客でもにぎわう。

　今まで何度も訪れているが、最も見事な紅葉に遭遇したのは2015年9月14日だった。登山口からいきなりウラジロナナカマドを主体とした、これまでにないほど鮮やかな紅葉が斜面に広がっていた。それを右手に見ながら登り、その上をトラバースし、第一花園から見下ろす眺めも素晴らしい。

　第二花園に出ると、チングルマを中心とした色とりどりの草紅葉が現れ

おまけ情報

紅葉の見ごろの9月中旬から下旬には、道々銀泉台線も町道高原温泉線も車両交通規制が行われる。臨時駐車場の大雪レイクサイトバス乗り場がシャトルバスの発着点となる。なお、銀泉台と層雲峡バスターミナルの間もバスが運行するので、黒岳から赤岳まで縦走し、バスで黒岳ロープウェイ乗り場へ戻ることができる。筆者も1度経験している。

7月中旬の駒草平に咲く
高山植物の女王コマクサ

た。タカネトウチソウも咲いており、その美しさに感動。さらに感激したのは、その上の駒草平に咲く一輪のコマクサだった。この時期に、少し赤みを帯びた葉とともに、けなげに咲くその姿にいとおしさがこみ上げてきた。

　赤やオレンジ色のナナカマドの中をさらに登って行くとまたまた絶景。第三雪渓跡の岩れき斜面とハイマツ帯、その周りを彩る紅葉がスケール感のある風景を織りなしている。

　赤岳は高山植物が豊富で、花の時期にも多くの登山者を誘う。筆者も7月上旬に花の観賞を目的にこの山を経由して小泉岳の南斜面や白雲岳へ何度も足を伸ばしている。

　ちなみに、赤岳の名は頂上の岩の色に由来している。しかし、地形図上の山頂は山頂標識のあるところではなく、北へ200㍍ほど離れた地点にある。

　興味を引かれるのは、銀泉台から先に延びる車道の痕跡だ。これは赤岳～白雲岳～北海岳～北鎮岳を経由して旭岳温泉へ抜ける観光自動車道として考えられていた大雪縦貫道路計画の名残である。自然保護団体の猛烈な反対で1973年に中止された。

　そうした活動のおかげで、この大雪の素晴らしい自然が保たれていることを忘れてはならない。

（2016・9・2掲載）

赤岳頂上。地図上の頂上はこの陰にある

白雲岳山頂直下の旧火口底に融雪期にのみ出現する「幻の湖」（2013年5月27日撮影）

上川町・美瑛町

白雲岳 （2230メートル）

チングルマを愛でながら山頂へ

5月に現れる幻の湖

　黒く大きな岩塊が累々と積み重なり、ナキウサギの鳴き声が響く道内第3の高峰の白雲岳。表大雪の中心部に位置し、大雪連峰をぐるっと見渡せる最高の展望台だ。山名は松浦武四郎の命名とされるが定かではない。

　普通、この山だけを目的に登られることはあまりなく、縦走途中に立ち寄るケースがほとんどのようである。黒岳から、旭岳から、大雪高原温泉から、そして、銀泉台からなど多くのコースを持つぜいたくな山だ。

　筆者が、最初にこの山に登ったのは、銀泉台から赤岳～小泉岳～白雲岳～北海岳～さらにお鉢平を回り、北鎮岳～黒岳石室～北海岳と巡り、銀泉台へ戻るという欲張りな日帰り縦走の途中だった。

　南側の眼下に広がる高根ケ原のはるか向こうに形良くそびえるトムラウシ山は、当時未踏だっただけに、登る意欲をそそられたものだ。さらに目に焼き付いたのが、後旭岳との間の忠別川源流部の沢を埋める雪渓とハイマツが

山頂から後旭岳を挟んで眺める
忠別川源流部の白と緑のストライプ模様

織りなす幾重にも連なるストライプ模様だ。白と緑の2色の版画か、現代絵画を見ているような美しさだった。

その後、初夏の花狙いで大雪高原温泉から緑岳経由でも2度訪れ、紅葉の頃には、下山後のシャトルバスを利用した黒岳から銀泉台への縦走途中にも寄っている。紅葉時の忠別川源流部のしま模様は、赤と緑に変わっていた。

珍しくこの山だけを狙ったことがある。それは、山頂直下・旧火口底の通称「グランド」と呼ばれる平たん地に、融雪期に限って出現するという「幻の湖」の存在を知ったからだ。5月中旬から下旬の10日間ほどしか姿を現さない上に、時期が一定でないという。メカニズムは、湖底となる表土が凍り、その上に雪解け水が流れ込んでできる湖（というよりは沼だが）で、湖底の氷が解けると水が抜けてすぐに消えてしまうらしい。

2012年にも出かけたが、異常に早く出現してすでに消えてしまった。2年越しの念願をかなえるため、13年、黒岳から残雪の上の最短コースを歩いた。ドキドキしながら尾根の上に立った。目の前には、「現実の湖」が、満々と水をたたえて迎えてくれた。思わずガッツポーズが飛び出した。しかも、湖面の向こうに白いトムラウシ山が花を添える粋な演出だった。
（2015・5・8掲載）

8月中旬に白雲避難小屋の
周りに咲く大株の
クモイリンドウ

山頂から白雲岳避難小屋と
トムラウシ山を望む

東川町

地獄谷斜面を滑り降り、頂上を振り返る

旭岳 (2291メートル)

品格備えた道内最高峰

ガレ場が続く登山道から頂上を見上げる

　1963年（昭和38年）、大学1年の時だった。元日早々衝撃的なニュースが飛び込んできた。「北海道学芸大学函館分校山岳部（現道教大函館校）のパーティ11名旭岳で遭難！」。その中に同じ研究室の大好きだったK先輩や顔見知りの先輩数人がいた。テレビにかじり付き、次々と入ってくるニュースに見入った。しかし、生還したのは、助けを求めに下りたリーダーのNさんただ一人という辛く悲しい結末だった。

　それ以来、「山は恐いもの」という思いは今でもなくならない。冬山は、「天気のいいときの日帰り限定」と決めている。

　筆者にとっては山の怖さを教えられた旭岳だが、北海道最高峰で、大雪山系でもっとも新しい活火山である。美しいコニーデ型の頂上西側に爆裂火口を抱き、地獄谷からは白いマグマの息吹を吹き上げている。その品格ある美しい姿を映し出す姿見の池は、大雪山

系最大の観光スポットである。その池のほとりの小高い丘に建つ「大雪山愛の鐘」は、冒頭で述べた山岳部員10名の慰霊のために建てられたものである。

アイヌの人たちはその昔、ヌタプカムウシュペ（意味は諸説あり）と呼んでいた。その後、石狩岳とか東オプタテシケなどと呼ばれていた時代もあったが、明治末期に「旭岳」に統一されている。

68年には、旭岳温泉から姿見駅までロープウェイが開通し、登山者や観光客が急増した。

この山に初めて登ったのは73年の夏だった。職場の先輩に連れられて高原温泉から縦走したが、旭岳は雨の中だった。

再訪は、それから20年後の9月末。みぞれの中、うっすらと雪化粧した頂上から中岳を経由して裾合平へ下って周回した。ちょうどガスから抜けた中岳温泉につかり、裾合平では一面に広がる錦繡の絨毯に目を見張った。時折ガスの合間から姿を見せる大塚、小塚の奇怪な山容と山裾の紅葉を楽しんだ。

道内最高峰の山頂からの大展望をようやく目にできたのは、さらに9年後

周りを雪で覆われた青いすり鉢池に姿を写す旭岳

姿見池のそばに建つ「大雪山愛の鐘」を鳴らし、先輩たちの冥福を祈る筆者

の秋だった。ロープウエイを利用しないで、下の登山口から真っ盛りの紅葉を楽しみながら、頂上を目指した。

その後、「最高峰をスキーで滑り降りてみたい」という念願を果たすことができたのは、2009年の5月上旬、雪のある時期でなければ踏むことのできない後旭岳（2216メートル）と熊ヶ岳（2210メートル）を回り、山頂からスケールの大きな地獄谷を下の噴気孔を目がけて豪快に滑り降りた。

12年は忌まわしい事故からちょうど50年の節目の年だった。お盆の最中に追悼登山を兼ねて5度目の頂上に立った。「愛の鐘」を鳴らして、当時10代だった自分が今なおこうして元気で山に登れることに感謝し、あらためて先輩たちの冥福を祈った。

（2013・4・26掲載）

上川町
東川町

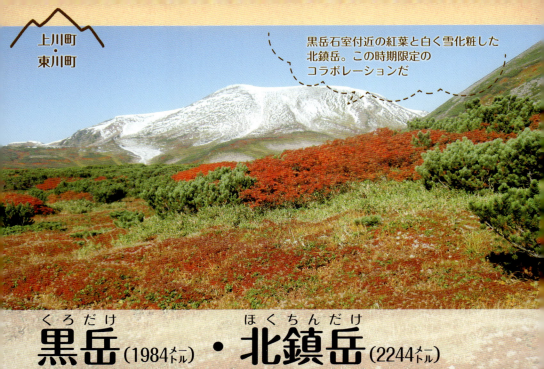

黒岳石室付近の紅葉と白く雪化粧した北鎮岳。この時期限定のコラボレーションだ

黒岳（1984メートル）・北鎮岳（2244メートル）

紅葉、冠雪　感動のコラボ

　国内の紅葉前線は大雪山系からスタートする。それは概ね9月中旬だが、早いときは上旬のこともある。そのいち早い紅葉を手軽に楽しめるのが、層雲峡からロープウェイとリフトを乗り継いで7合目まで上がれる黒岳周辺だ。

　層雲峡から見上げる黒岳は鋭く天を突き、火山性の大雪山系のなかでは珍しく頂上まで緑濃い。黒岳の名称は小泉秀雄が1918年（大正7年）に山岳雑誌に「…山體鋭く尖り黒色を呈し…」と記したことから来ているという。

　紅葉情報を的確に把握して行くと、

リフト乗り場への道から見上げる黒岳

このコース最大の紅葉スポット9合目半のまねき岩付近が最高の状態で迎えてくれる。この斜面の下へ向かって赤から黄色に変わるグラデーションもすばらしい。

　筆者が黒岳の一番の好きなところは、頂上へたどり着いた途端に目の前

黒岳山頂から目の前に広がるお鉢平方向の展望

に飛び込んでくる広大な表大雪の大展望だ。見るたびに、縦横無尽に歩き回りたい衝動に駆られる。

　そんなこともあり、たいていの登山者はこの山だけで満足せず、お鉢平周辺の山々へと足を伸ばす。筆者は雲ノ平の花々や紅葉、お鉢平巡りなどが楽しめる道内第2の高峰・北鎮岳とのセットが多い。

　この北鎮岳は、かつて北方警備の鎮台（「地方を守る軍隊」の意）として旭川に日本陸軍第七師団が配置され、その願いを込めて命名されたという。

　毎年、遅くまで山頂の北東斜面に白鳥の形を現す雪渓ができ、登山者の目を楽しませてくれることでも有名だ。

　ちなみに、層雲峡から黒岳への登山道が開削されたのは1923年（大正12年）。その年に北鎮岳経由で旭岳まで延びている。同時に黒岳石室も建てられ、貴重な山岳基地となった。

　一番感動した紅葉山行は、2009年9月14日。黒岳山頂に着くと、目の前に冠雪した山並みが広がっていた時のこと。めったに見られない念願の紅葉と冠雪と青空のコラボレーション。体を電流が走ったような感動を覚える。喜々として、白い北鎮岳を越えて愛別岳へ向かった。

　愛別岳では幕別町の岳友パパチャリさんとの再会も待っていた。帰りは、感動を共有しながら、お鉢平の南側を廻り、1日で名前のあるピークを10座も越えた。

　つい先日、札幌の娘夫婦から「28年ぶりの同じ日に黒岳に登ってきたよ」とのメールが届いた。実は、黒岳へ初めて登り北鎮岳を目にしたのが、「1984年に1984㍍の黒岳に登ろう」という夏休みの家族旅行だった。息子が9歳、娘が6歳、一番辛そうだったのは妻だった。懐かしさに浸りながら、「今度はぜひ紅葉の頃に登ってみて！」と返信した。　　　（2012・9・8掲載）

紅葉の一番の見どころ・9合目半のマネキ岩付近

上川町

永山岳から、大覗谷の吊尾根の先にそびえる愛別岳を眺める

愛別岳(2113メートル)
あいべつだけ

大雪　孤高の岩峰

　表大雪の北端に位置する愛別岳は、穏やかな山が多い表大雪の中では、異端児的な荒々しさが魅力で、筆者の好きな山のひとつである。見る角度によっては、ほかの山からやや離れているので独立峰のようにも見え、孤高の岩峰を思わせる。人を拒むような峻険さゆえに登る人も少なく、静かな山を楽しめるのも魅力である。

　この山に設置されている三等三角点は「三方崩」と命名されている。山容もしかり、それを設置した旧陸軍参謀本部陸地測量部の苦労がしのばれる点名だ。

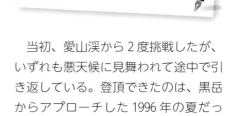
雲井ヶ原から望む愛別岳(左)

　当初、愛山渓から2度挑戦したが、いずれも悪天候に見舞われて途中で引き返している。登頂できたのは、黒岳からアプローチした1996年の夏だった。

　この山の核心部は、愛別岳分岐からの吊尾根である。赤茶けた山肌をむきだしにして激しく落ち込む大覗谷(地獄谷)の中に両側が切れ落ちた火

山灰の細い吊尾根が続く。その不気味さに、鳥肌が立つ思いだった。

　恐る恐る急斜面のザレ場を下り、慎重に吊尾根を通過すると、今度は、黒い岩の塊のような頂上が上からかぶさるように迫ってくる。果たして登山路があるのかと不安になったが、頂上から下りてくる2人の様子からルートが判明。急な岩場をよじ登って岩塊の積み重なる誰もいない頂上に到着。途中の山の頂上にはうんざりするほどたくさんの人がいたのに、この山は訪れる人の少ない孤高の山だった。一人歩きの自分にはこの様な山が似合うと思い、快い孤独感に酔った。

　再訪も黒岳からだった。念願の紅葉と冠雪と青空の3色のコラボレーションを満喫しながら、喜々として、白い北鎮岳を越えて愛別岳へ向かった。

　愛山渓からの3度目の正直がかなったのは、15年の秋だった。スカッ晴れの下に広がる周りの山々の紅葉がことのほか美しかった。過去にこわごわ

吊尾根の分岐から眺める愛別岳

通過した吊尾根もそのワイルドさを楽しむ余裕さえあった。360度広がる北大雪や表大雪北側の大パノラマを心ゆくまで堪能することもできた。意外だったのは、近いと思った愛山渓からのコースの方が遠かったことである。

　厳冬期の登頂は一般登山者には無理だが、愛山渓までの道路が開くころには、白川尾根からのスキー登山が可能なようだ。次回にはと、ひそかにねらっている。　　　（2015・12・4掲載）

愛別岳側から眺める吊尾根と荒々しい大覗谷の様子

おまけ情報

愛山渓温泉は、アンタロマ川の渓流に沿って19㌔地点の永山岳の山麓にある温泉。海抜1000㍍四方を、アカエゾマツの純林におおわれた静寂な温泉郷。源泉100％で飲用もできる温泉。営業期間は5月上旬から10月中旬まで。日帰り入浴料金は600円。宿泊もできる。雲井ヶ原湿原までは往復2.5㌔ほど。

鹿追町・士幌町

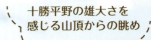
十勝平野の雄大さを感じる山頂からの眺め

東ヌプカウシヌプリ（1252メートル）

十勝平野の雄大さ実感

　十勝平野の北端に突き出るように2つ並んで鎮座する山が、この山と西ヌプカウシヌプリである。鹿追町によると、昔アイヌの人たちが野原に突起した山と言う意味で、そう呼んだという。妙に納得できる山容である。

　登山口は、西ヌプカウシヌプリとの鞍部を抜けて然別湖へ通ずる道道鹿追糠平線の白樺峠（900メートル）にある。標高差はわずか350メートルしかない。手軽に登れて高山の雰囲気が味わえる貴重な山だ。

　これまで、時季を変え3回、すべて近くの山とセットで登っている。最初

十勝平野へ突き出るようにそびえる西ヌプカウシヌプリと東ヌプカウシヌプリ（右）

は9月だった。トドマツとアカエゾマツの混合針葉樹林帯の林床の岩が一面苔に覆われていた。しっとりとした植生が醸し出す盆栽風の幽玄世界にうっとりした。急な登りを詰めて行く。次第に明るくなり、白い幹が目立つダケ

2016年、おびただしい倒木をくぐって進む登山道

頂上の先の南斜面のロックガーデンと1輪のエゾスカシユリ

カンバの稜線に出た。広大な十勝平野の畑地が織り成すモザイク模様に息をのんだ。

　この山の魅力は、この明るい十勝平野の展望と、途中の針葉樹林帯の苔むす幽玄の世界だと確信した。

　15年ぶりの再訪は、10月で、うっすらと雪化粧をしていた。楽しみにしてきた針葉樹林の苔の林床は、さらっと雪が覆っていて、紅葉とのコントラストが美しさを一層引き立てていた。頂上では、十勝平野の雄大さにほれぼれ。地平線の彼方に太平洋の水平線まで見えていた。

　前回行きそこなった頂上の先の南斜面のロックガーデンにも寄り、下山後、駒止湖へも足を延した。途中のナキウサギの撮影地として有名なロックガーデンには数人がカメラを設置して待機している。しかし、寒かったせいか鳴き声すら聞こえなかった。

　3度目は、花を目的に2016年の7月中旬に出かけた。登山口の先のササ原でヒオウギアヤメの群生が迎えてくれた。ところが、その先の針葉樹林帯は、おびただしい倒木で一面覆われていて驚いた。処理しきれず、倒木をかわして新しい登山道が付けられているところもあった。大好きな幽玄の世界も悲惨な状態だった。

　しかし、そこを抜けると、マルバシモツケ、ハクサンシャクナゲ、オオタカネバラなど多くの花々が咲き乱れている。南斜面のロックガーデンには、1輪だけエゾスカシユリが咲いていた。
　　　　　　　　　　（2016・11・11 掲載）

一面苔で覆われるしっとりとした針葉樹林帯の林床

上士幌町

白雲山山頂から眼下の然別湖と雪化粧したウペペサンケ山を望む

白雲山（1186メートル）・天望山（1174メートル）
はくうんざん　　　　　　　　てんぼうざん

眺め新鮮　然別火山群

　十勝管内の然別湖の東岸に連なる低山にしか見えない両山だが、実際は1100㍍を超えている。然別湖面の標高がすでに800㍍を超えているのだから、低山のように見えるのも無理はない。

　然別湖は約3万年前の噴火でできた堰止湖である。その周りを取り囲む溶岩で形成された然別火山群や自然豊かな生態系も含めて、2013年、道内では5番目の「とかち鹿追ジオパーク」として認定されている。

　白雲山は大小の岩を積み上げたとがった山だ。縦走路でつながっている隣の穏やかな天望山は、ふたつのピー

然別湖をはさんで望む天望山（左）と白雲山（右）

クを持ち、温泉街のある然別湖畔から見ると湖面に映す姿と合わせて唇に見えるところから「唇山」とも呼ばれ、然別湖のシンボルになっている。

　両山に最初に登ったのは、2000年の夏だった。小雨の中、暑いのでカッパを着ないで傘をさして歩いた。両山

おまけ情報

然別湖は、北海道で一番高い所にある自然の湖で、海抜804メートル、周囲13.8キロ。最大水深98.5メートル。数万年にわたり進化を遂げてきた魚『ミヤベイワナ』が生息しているのは、地球上でここだけ。

毎年、1月下旬～3月下旬まで、日本で一番長く凍り続ける湖上で、北海道の冬を代表するイベント「しかりべつ湖コタン」が開催される。期間中はアイスバーや氷上露天風呂、宿泊体験が楽しめるアイスロッジなど、さまざまなイグルーが建ち並び、さまざまなイベントが開催されている。

縦走路から見下ろす東雲湖

白雲山と天望山の鞍部から十勝平野を望む

を越え、東雲湖へ下り、然別湖畔を戻る周回コースを黙々と歩いた。天望山は天も望めず、展望もなかった。

2度目は、自然保護論争で1973年（昭和48年）に工事が中断された観光道路「道道士幌然別湖線」の様子を見たくて、士幌高原ヌプカの里から岩石山に登り、両山まで往復した。このときも、低い雲で覆われ、眼下の然別湖しか見えなかった。

ようやく天候に恵まれたのは、10年の10月中旬。最初と同じ周回コースを歩いた。巨岩が積み重なった白雲山の頂上に着いてまず目に飛び込んできたのは雪化粧したウペペサンケ山だった。眼下には然別湖の全容を見渡せ、その周りにポコポコと丸い頂きを連ねる然別火山群の眺めが新鮮だった。

頂上の天望山側のロックガーデンで休憩。ナキウサギの鳴き声はするのだがついに姿を見せなかった。天望山とのコル付近では、V字形に制限された視界いっぱいに十勝平野が広がり、太平洋の水平線まで見えた。東雲湖畔のロックガーデンの花畑の下では、ナキウサギを見たいと朝から4時間も粘っているという男性と出会い、その思いに感動した。

12年の冬、4名の仲間と凍結した然別湖をスキーで縦断し、北側のナイタイ山に登った。下山後、名物の氷上露天風呂からこの両山を眺めながら、「今度は湖上を渡って白雲山と天望山だね」と話した。（2014・10・17掲載）

上士幌町・鹿追町

1610ピークまで登ると、長い稜線と対面できる。まだ先は長い

ウペペサンケ山 (1848メートル)

長く平らな頂稜

ぬかびら温泉郷入口から見上げるウペペサンケ山

　東大雪山系の南部に位置し、2キロにわたる長く平らな稜線が特徴の山。印象深い山名だが、上士幌町史によると、もともとはウペペサンケヌプリで、「雪解け水（大水）を出す山」の意味らしい。

　深田久弥氏の『日本百名山』の後記に記述されているが、百名山を選ぶに当たって、当初147ほどの候補を挙げた。その中にこのウペペサンケ山が入っていた。ところが、選から漏れたほかの山はすべて「日本三百名山」に入っているが、この山だけは、その選からも漏れた。いわば「不遇の名山」である。

　初登は1996年6月、現在は林道が崩壊して通行止めとなっている菅野温泉東コースから登った。残雪で覆われた道を見失いウロウロすることが多かった。先行していた富良野市のS青年と一緒にルートを捜しながら登っ

た。しかし、大きな雪渓で完全に道を見失った。最後は糠平コースから続く登山道のある尾根を目指して、ハイマツ帯に潜り込んで強引に進んだ。やっとの思いで登山道へ出たときには、2人はすっかり同志になっていた。その後もずっと2人で行動し、20年近くたった今でも年賀状のやりとりが続いている。

　尾根道を登り詰めて、頂稜東端の糠平富士（1835㍍）に到着。一等三角点（点名・烏邉珊山）が設置されていた。最高点の本峰はさらに1.5㌔先である。日高山脈を思わせる岩とハイマツの細い稜線上のいくつものピークと深い鞍部を越えてようやく山頂に立った。

　再訪は2010年9月、「日本三百名山」完登後の最初の山と決めていた。「不遇の名山」への慰めの気持ちからだ。このときは、西端の西峰（1836㍍）まで往復したが、雪が吹き付けた北斜面の白と、ハイマツ帯の緑と、南斜面の紅葉のウラシマツツジの赤の3色に彩られた稜線は、まさに絶景だった。

　15年の3度目は、無風・快晴の好天に恵まれた。頂上では、すぐそばの北海道を代表する名峰ニペソツ山をはじめとする東大雪の山々、残雪を抱いた十勝連峰と表大雪の連なり、遠くの夕張山系、十勝平野を覆い尽くした雲海の向こうの日高山脈、雲海の上に頭を出す阿寒の山々、近くの然別湖と眼下の糠平湖などの大展望に1時間以上ものんびり過ごし、「山はやっぱり天気が一番」を再認識した。

（2015・7・31 掲載）

秋の糠平富士から本峰を眺める

おまけ情報

　この山のベースとなるぬかびら温泉郷は、ダム湖とは思えないほど、東大雪の自然と美しく調和した糠平湖のほとりにある。源泉掛け流しの温泉を楽しめる宿泊施設は9軒で、いずれも日帰り入浴料500円。キャンプ場やスキー場、旧国鉄士幌線の歴史を伝える資料館など、多くの観光スポットもお薦め。なお、車中泊できるトイレ付きの公共駐車場には、2013年にひがし大雪自然館がオープンした。

山頂にて。後ろは十勝連峰

上士幌町・新得町

鋭いアルペン的山容のニペソツ山と筆者

ニペソツ山（2013メートル）

鋭峰との対面　感動的

　東大雪山系で唯一2000㍍超峰のニペソツ山…この山に登った道外の登山者は異口同音に「どうしてこの山が日本百名山に入っていないの？」と不思議がり、道内一の名峰との評価を下す人が多い。それもそのはず、『日本百名山』の著者深田久弥はその本を出したときにはまだこの山を見ていなかった。その後、この山に登った氏は、「一番先に百名山に入れ替えたい山」と話していたそうだ。

　また、筆者が創設に関わった「北海道の山メーリングリスト（略称HYML）」で、年末にその年に登った山の中から「わたしの一名山」を募集している。発足以来12年間トータルで人気ナンバーワンがこの山である。

　その魅力の秘密は、北海道では珍しい鋭いアルペン的山容もあるが、その雄姿との対面の仕方がその印象を高めていると言っても過言ではない。一般

幌加温泉コース展望台から眺めるニペソツ山と天狗岳の東面

前天狗まで登ると、ニペソツ山が姿を現す

ルートの十六の沢コースでは前天狗のコルからひと登りして初めて目指すこの山の姿がど〜んと目の前に現れる。

深田久弥はこの場面を次のように書いている。「全く意表を衝く現れ方だった。それはスックと高く立っていた。私は息を飲んで見惚れた。流れるガスの間に隠見するニペソツは、高く、そして気品があった。峨々たる岩峰をつらね、その中に一きわ高く主峰のピラミッドが立っている。豪壮で優美、天下の名峰たるに恥じない」と。

さすが、文学者ならではの名文だ。

さらに、この山の魅力の1つに、ナキウサギとの出合いがある。最初に登ったときに一番乗りの筆者を迎えてくれたのが初めて目にするナキウサギだった。筆者同様、この山で同じ経験をしている人は多い。

山名は、十勝川の支流ニペソツ川の源流部に位置することに由来する。

「ニペソツ」とはニペシ・オッ（シナノキの樹皮が多い）の意らしい。

前天狗手前からは森林限界のハイマツ帯で、多くの高山植物を楽しむことができる。遮る物のない山頂からは、南隣のウペペサンケ山、大雪連峰、遠く日高山脈などの大展望が広がる。

車社会になる前は、この山のメーンルートは十勝三股（十勝管内上士幌町）までの鉄道、バスを利用した幌加温泉コースだった。現在はロングコースで敬遠されているが、筆者は最近、秋に2回登っている。冒険心と登山の醍醐味を味わわせてくれるハードコースだ。紅葉に彩られた秘沼三条沼に心躍らせ、鬱蒼たる針葉樹林の中を抜けるとシャクナゲ尾根。足元からスッパリと切れ落ちた崖の上はニペソツの東壁と天狗岳に対面できる展望台だ。これまで計4回登っている筆者の願いは、前天狗からの真っ白な雄姿との対面である。この山の標高年でもある来年2013年にはかなえたいものだ。　（2012・10・6掲載）

山頂から振り返る天狗岳の複雑な地形

上士幌町
上川町

音更山から紅葉の始まった石狩岳を望む

石狩岳（いしかりだけ）(1967メートル)・音更山（おとふけやま）(1932メートル)

奥深い分水嶺の山

　日本海と太平洋の分水嶺をなし、アルプス的な彫りの深い山容を持つ石狩連峰。その主峰が石狩岳である。この山を水源とする石狩川は日本海へ注ぎ、その北東隣に連なる音更山を水源とする音更川は十勝川へ合流して太平洋へ注ぐ。降ってくる雨が、道内最奥の稜線を境に片や太平洋へ、片や日本海へ…と考えながら歩くのも楽しい。
　いずれの山名もそれぞれの川の水源に位置することが由来となっている。ただし、明治初期の石狩岳とは今の大雪山を指していたらしい。現在の名称となったのはこの山が石狩川の水源と

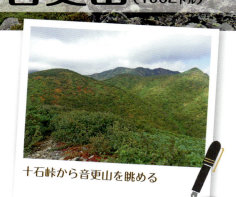

十石峠から音更山を眺める

して確認されて以後である。
　この両山への初登は、1995年の夏。由仁石狩川コースから、ユニ石狩岳（1756メートル）〜音更山〜石狩岳を11時間で往復している。51歳だったが、当時の若さ？が懐かしい。そのときの記録には、「展望には恵まれなく

て残念だったが、石狩川と十勝川の分水嶺の上を往復する長い行程を予定通り完歩できて大満足だった」と記している。

　自分なりの快挙は、2006年、石狩川本流の最源流である石狩沢を遡行し、石狩岳〜川上岳〜二ぺの耳〜ペトク沢と回った、単独・日帰り山行だ。流域面積で国内2位、長さで3位の石狩川最源流部は不思議なくらい穏やかな流れだった。雪渓を越えた稜線直下まで水流が続いているのにも驚いた。道内一の大河となる最初の湧水地点では、感激しながら、冷たくてまろやかなぜいたくな水をたっぷり味わった。

　花が咲き乱れる源頭部の急なガレ場一面をコマクサが覆い、足の置き場もないほどだった。小石狩岳（1924㍍）と石狩岳の鞍部から頂上に到着。そこにはケルンしかなかったが、間違いなく石狩岳本峰だった。その北側の1㍍低いピークに頂上標識が見えたので、そちらへ向かった。11年ぶりの山頂

石狩岳の急斜面に咲く
エゾツツジとチングルマの綿毛

から音更岳とユニ石狩岳を眺めて、よくもあの長い稜線を日帰りしたものだとあらためて感心した。

　さらに、7年後の13年秋、最初にピストンした3山を効率的に回れる十勝三股コース〜十石峠〜ユニ石狩岳〜音更山〜石狩岳〜シュナイダーコースを周回した。これで、石狩連峰の全コースを歩いたことになる。「ここを歩くのも、これで最後かな？」との思いで、紅葉に彩られ始めた稜線歩きをじっくり味わった。

（2015・8・27 掲載）

石狩岳山頂と後ろに連なる
表大雪の山並み

上士幌町・足寄町

十勝三股付近から眺める西クマネシリ岳(右)とピリベツ岳(左)

西クマネシリ岳(1635メートル)・ピリベツ岳(1602メートル)

日本一のおっぱい山

　東大雪の南東部に位置するこの西クマネシリ岳とピリベツ岳は、西側から見ると女性の乳房に見えることから、通称「おっぱい山」と呼ばれている。乳首までそろえたみごとなほどの自然の造形の妙に感心する。まさに、神の仕業としか思えない。

　実際これらの山はアイヌ民族の聖地として崇められている。十勝管内上士幌町内では毎年7月、上士幌ウタリ文化伝承保存会が中心となって、「オッパイ山祭り」が開催されている。

　数年前に某山岳雑誌が「全国のおっぱい山特集」を企画。日本一の美乳と

縦走路に咲くトウゲブキの先にピリベツ岳

して選ばれたのがこの両山だった。筆者にその写真の提供と紹介記事執筆の依頼が来た。取材で撮影に出掛けた時の写真が見開きで、全国のおっぱい山のトップを飾った。

　クマネシリとは、アイヌ語で「物干し棚のような山」の意味で、クマネシ

234　十勝・大雪の山

おまけ情報

この山の登山口への入口となる十勝三股は、現在の人家は喫茶店・三股山荘の1軒だけだが、かつては士幌線の終点・十勝三股駅があり、林業で非常に栄えたところである。最盛期の1964年には、戸数221戸人口1162人が居住し「国立公園内の木材の街」として有名だった。途中の糠平ダムの建設が終わり、1954年の洞爺丸台風が残した大量の風倒木の処理が終わると住民は一気に減り始めた。

西クマネシリ岳から眺める石狩連峰とその後ろの表大雪の山並み

リ岳の東尾根が台地状に8㌔も延びていることに因るものであろう。また、ピリベツ岳は、この山を水源とする美利別川に因るもので、アイヌ語で「美しい川」、または「渦の川」の意味らしい。

最初は登山道のある西クマネシリ岳だけに登った。そのころもピリベツ岳との吊り尾根には踏み跡があったようだ。8年後の2004年8月上旬、クマネシリ岳と南クマネシリ岳と合わせたクマネシリ山塊4座踏破を目指してこの両方の乳首の上に立つことにした。

西クマネシリ岳頂上直下の岩場の手前にピリベツ岳への分岐があり、その先にはっきりとした踏み跡が続く。まず、ちょっと緊張の岩場をよじ登り、西クマネシリ岳頂上へ。さらに、1時間ほどでピリベツ岳に到着。立派な頂上標識には驚いた。

西クマネシリ岳の乳首に見える頂上部分は岩場が連なり、ハイマツで囲ま

ピリベツ山頂にて。うしろは西クマネシリ岳

れている。ピリベツ岳の周りは急斜面だが、ササと灌木だけの穏やかな頂上であった。遮るもののない大雪連峰や阿寒の山々の大展望がみごとだった。

事前の情報をもとに、頂上から少し戻ったところから続く踏み跡を下る。一部不明瞭なところもあったが、やぶをこいで下ったら作業道跡にぶつかった。それを辿り、登山道のシンノスケ三の沢二股の土場跡へと周回することができた。途中にはナキウサギの巣穴があちこちにあり、かわいい鳴き声が響き渡っていた。　（2013・8・2掲載）

西隣のピークに設置されている「北海道大分水点」の標柱

上士幌町・北見市

三国山(1541メートル)
みくにやま

国道273号を北上すると正面に見える三国山

3 海洋の「大分水点」

　全国に同名の山はたくさんある。いずれも昔、三つの国にまたがることが由来のようだ。道内の国道で最も高い三国峠の東側に位置するこの山も、明治時代の北見国・石狩国・十勝国の境界付近にあったことから名付けられた。山頂付近には二つの頂があり、標高の少し高い東側の山頂に三角点（点名は三国嶺）が設置され、山頂となったようだが、オホーツク、上川、十勝の3管内の本来の境界点は、「北海道大分水点」の標柱が立つ西側のピークである。

　この山の魅力は、なんといっても、壮大なイメージを抱かせる「北海道大分水点」であろう。降った雨水は、わずかの差で、ある一滴は十勝川に合流して太平洋へ、別の一滴は石狩川となって日本海へ、他の一滴は常呂川に至りオホーツク海へと流れ下る。

　この山に踏み跡程度の登山道があるらしいという情報を得て、札幌の小宮さんと2人で訪れたのは、まだ、ガイ

ドブックなどには紹介されていない2002年の秋だった。登山口は三国トンネルの上川側入り口の左横だった。すでに標高が1140メートルもあり、標高差わずか400メートルという手軽さもうれしかった。

　小さな沢沿いの踏み跡から源頭を詰めて南尾根に乗ると、東側の展望が開けた。あの端正なおっぱい山とは思えない、いびつで複雑な山容のクマネシリ山塊と、紅葉に彩られた三国山山頂が目に飛び込んできた。

　南尾根を登り詰めると「三国」の境界となる西側ピークだ。そのときには、まだ「北海道大分水点」の標柱はなかった。そこから登り返して到着した山頂では、南側眼下に広がる十勝三股盆地の広大な大樹林地帯に目を見張った。

　この盆地は、太古には直径10キロものカルデラ湖だったが、その後のニペソツ火山群の火山活動によって完全に埋まってしまったらしい。その右手には、ウペペサンケ山〜ニペソツ山〜石狩連峰、西側には表大雪、北側には北大雪などの山並みをぐるっと見渡すことができた。

　その後2度訪れているが、ガイドブックにも載り、多くの登山者でにぎわう山となっていた。積雪期はアプローチも容易で標高差が少なくて登りやすそうだが、その記録を目にすることは少ない。　　　（2015・12・18 掲載）

北海道大分水点ピークから300メートル先の頂上を望む

太古にはカルデラ湖だったという広大な十勝三股盆地の大樹林帯

おまけ情報

　この登山口なる国道273号の三国峠は、北海道の国道の中で一番標高の高い峠（標高1139メートル）である。展望台脇に休憩所や売店もある。この国道は、1961年に開発道路（町道層雲峡十勝三股線）として指定され、両方向から道路建設が着工された。三国トンネル工事は1961年に始まり1971年に完成。しかし、通年通行が可能になったのは1994年で、それから観光道路としての利用が増加した。

上川町・遠軽町・北見市

武華山頂上から武利岳を望む
（頂上標識は05年当時のもの）

武華山（1759メートル）・武利岳（1876メートル）
（むかやま）　　　　　　　（むりいだけ）

大雪山系　見渡す限り

武利岳への縦走路から見上げる
ハイマツと岩混じりの細い稜線

　上川管内とオホーツク管内の境界となる稜線上に隣り合って連なる北大雪を代表する名山である。岳人の間では「武利武華」とセットで呼ばれることが多い。アイヌの人たちも武利岳をピンネシリ（男山）、武華山をマチネシリ（女山）と呼んでいた。

　オホーツク管内の最高峰で、ギザギザの岩稜や岩峰を連ねる威風堂々とした武利岳に比べると、武華山はなだらかな山容だ。山名は、それぞれ武利川、無加川の源流部にあることによるが、アイヌ語のムカやムリイの語源の定説はない。

　武華山は、地元では武華岳とも呼ばれ、登山口の案内板のほかに「武華岳風景林」「武華岳林道」などの標示板も目にする。登山口はその武華岳林道の先にあるが、途中、水銀の採掘量・東洋一を誇ったイトムカ鉱山の遺構が随所に見られる。

おまけ情報

武華山の麓にあり、水銀の採掘量・東洋一を誇ったイトムカ鉱山は、最盛期には人口5000人を超え、多数の近代的な住宅施設や小・中学校の文教施設、映画館などの娯楽施設が建設された。1974年に閉山されたが、現在も日本で唯一の水銀含有廃棄物の処理事業所として操業を続けている。なお、塩別温泉は、イトムカ鉱山労働者の休養施設として開発された。

武華山のライオン岩を見上げる

　筆者が最初に登ったのは武華山の方で、1994年の秋だった。東尾根コースを登り、ライオン岩コースを下って周回した。山裾の紅葉がとても美しかった。だが、奥深い武利岳の稜線近くまで延びる何本もの伐採道と伐採跡が痛々しかった。

　武利岳へはその3年後の夏、丸瀬布コースから登った。日高の山を思わせる細く急な岩稜帯の核心部に差し掛かる8合目付近で、雷雨と強風に遭って逃げ帰った。

　再訪がかなったのは2005年の夏。両山をつなぐ吊り尾根に営林署OBの方が個人で縦走路を復活させたとの情報を入手した。武華山の東尾根コースから登り、前ムカの分岐から武利岳へ向かった。以前2回ともかなわなかった見渡す限りの大雪山系の大展望に喜々として歩いた。

　コル付近はササに覆われていたが、赤いテープが付けられていて迷う心配はなかった。アップダウンの激しい、ハイマツと高山植物に覆われた岩混じりの細い稜線歩きの先が、8年前には風雨の中で幻に終わった、一等三角点（点名・無類山）がある武利岳頂上だった。

　再び吊り尾根を戻り、稜線上の花々を楽しみながら武華山へ向かった。山頂から武利岳を往復した尾根を眺めて大満足だった。しかし、まだ歩いていない武利岳丸瀬布コースの8合目と頂上の間の核心部はやり残した宿題としたままである。　（2014・8・22 掲載）

武利岳への縦走路から平坦な武華山を振り返る

ニセイカウシュッペ山の小槍をバックに稜線を彩るコマクサとエゾタカネスミレ

遠軽町・上川町

平山(ひらやま)(1771メートル)

花の稜線　大雪一望

稜線分岐から広がる表大雪の山並み

黒岳から層雲峡を挟んで対岸に連なるのが北大雪の山々である。その中でひときわ目立つニセイカウシュッペ山の右に続く、どこが頂上か分からないような、のっぺりした山が平山だ。

山容は魅力的とは言えないが、登山口がすでに1050メートルの高さにあることから手軽に登れ、高山植物観賞と表大雪展望の山として人気がある。1954年の洞爺丸台風で壊滅した風倒木処理のために支湧別川沿いに付けられた林道が、現在の登山道となっている。

この山への筆者の初登は96年7月だった。まだニセイカウシュッペ山への登山道が層雲峡側からの長い清川コースしかなく、平山経由で吊尾根の踏み跡を往復した方が近いという情報をもとに、一気にこの2山狙いでトライした。

支湧別川沿いの渓谷美と夫婦滝、行雲ノ滝、冷涼ノ滝、沢筋を黄色に染めるエゾノリュウキンカなどを楽しみながら登って行く。第1雪渓と第2雪渓

上から見ると輪になって見える
タカネシオガマ

を越えて、花畑の稜線に出ると、正面にニセイカウシュッペ山の小槍の尖峰がいきなり目に飛び込んでくる。目を転じるとその上に大槍、さらに迫力あるニセイカウシュッペ山の頂上が現れた。

まずは、左側奥にある平山頂上へ。ハイマツ帯の平たんな道をたどると、この山ならではのタカネシオガマを発見。真上から見ると車のような輪に見える形がうれしい。あちこちに群生していて、一面が真っ赤に見えるほどだった。

標識がなければ分からないような平らな頂上は、まさに表大雪の展望台といった感じだった。その後、多くの花々が咲く稜線を戻り、途中の「アンギラス」とか「軍艦山」などと呼ばれる険しい無名峰（1840メートル）がそびえる吊尾根をたどり、ニセイカウシュッペ山を往復した。

2度目は2004年9月、やはりこの山単独狙いではなく、開削されたばかりの平山〜比麻奈山（1811メートル）〜比麻良山（1796メートル）〜文蔵岳（1755メートル）〜有明山（1634メートル）〜天狗岳（1553メートル）の循環縦走だった。マウンテンバイクを天狗岳の登山口に置いて、平山登山口から登った。このときも、天候に恵まれ、表大雪の山々がくっきりと見え、みごとな紅葉で彩られたスケールの大きな縦走登山を楽しむことができた。

（2016・7・1掲載）

大きな第2雪渓を登る

本流の冷涼の滝

上川町

中越コースの紅葉に彩られた尾根を1742峰と大槍へ向かって登る

ニセイカウシュッペ山 (1879メートル)

岩峰鋭く紅葉鮮やか

　美しい響きを持つニセイカウシュッペは、「断崖絶壁の上にある山」を意味するアイヌ語である。表大雪の黒岳と眼下の層雲峡を挟んで対峙する山だ。渓谷の断崖絶壁の上に大槍、小槍の鋭い前衛峰を従えてその奥にそびえる姿は、山名ぴったりの北大雪を代表する秀峰である。

　通称ニセカウと呼ばれ、「日本三百名山」にも選ばれているこの山に、かつては、層雲峡側から登りごたえのある2本のルートがあったという。古くはパノラマ台〜朝陽山〜小槍〜大槍と続く難ルートと、超ロングコースとし

鋭く天を突く小槍

て有名だった清川コースだ。今は、これらは廃道になり、国道273号側から手軽に登れる中越(なかごえ)コースが一般的だ。

　筆者がこの山に初めて登ったのは、まだ清川コースしかなかった96年の夏だった。そちらから登るより、平山からの吊り尾根の踏み跡を往復した方

十勝・大雪の山

夏の大槍の根元付近の道の両側は花が多い

通称アンギラスと
その向こうに平山の稜線

左手の茅刈別第三支川を挟んだ広大な斜面を覆う鮮やかな錦繡(きんしゅう)の山肌、眩しいほど真っ赤なウラシマツツジやチングルマの草紅葉に彩られた夏場の花畑などに感動しきりだった。

が近いという情報を得て、平山とこのニセカウの一石二鳥狙いでトライした。

4つほどの岩峰を越えるが、踏み跡は意外にはっきりとしていた。中ほどで行く手を遮るようにそびえるギザギザの岩稜を連ねた端正な通称アンギラス（軍艦山）の通過にはちょっと緊張。源頭部に広がる花畑は、花の山と言われる平山の稜線よりずっと種類も数も多かった。

その後、中越コースから夏と秋の2回訪れている。2度目は9月下旬、栃木県から大雪山紅葉登山にやってきた3人と共に薄氷や霜柱を踏みながら登った。

ダケカンバやミヤマカエデの黄葉、

これ以上はないと思われる澄み切った好天にも恵まれた。表大雪や北大雪はもちろん、東大雪や道北の山々、さらには、知床連山、増毛山塊、夕張山地までもくっきりと見え、この山ならではの魅力を十分堪能した。

この山唯一の心残りは、大槍の根元へ突き上げるニセイノシキオマップ川の「天国の階段」へ誘われたときに参加できなかったことだ。単独では無理だが、地獄の階段を転げ落ちる前にぜひ遡ってみたいと願っている。

(2013・9・20 掲載)

山頂から表大雪の山並みを望む

山楽コラム ❺

新たな感動と出合いを求めて

　よく聞かれることは、「これまでの山で、一番印象に残っている山はどこですか？」である。そのたびに、「道内ではカムイエクウチカウシ山、道外では剱岳」と答える。日本三百名山や道外の山を含めて、これまでに1000山以上は登っているはずである。

　しかし、山を始めて5年目、ハラハラ、ドキドキ感いっぱいで、単独日帰り登山に挑戦した通称カムエク…日高山脈の盟主と呼ばれる風格と存在感、頂上までの変化に富んだ険しいルート…その頂上に立って味わったエクスタシーに勝る山はまだない。その後、エサオマントッタベツ岳からの単独縦走の途中でも訪れているし、1回目のコースからも再訪しているが、その思いはすたれることはない。

　ちなみに、北アルプスの剱岳は、存在感抜群の全山巨大な岩山だ。急峻な岩尾根と豊富な残雪を抱く深い谷から「岩と雪の殿堂」として知られる。最初は、ノーマルの別山尾根コースを往復したが、日本三百名山完登の翌年（2011年）、その魅力をより味わいたくて、4泊5日のテント泊で早月尾根〜剱岳〜剱沢〜裏剱〜池ノ平山〜黒部峡谷〜欅平と縦走している。

　しかし、『日本百名山』の著者・深田久弥氏の名言に「百の頂に、百の喜びあり」とか、昔からの故事に「山高きが故に貴からず」などという言葉があるように、どんな山でも、その山ならではの個性や魅力、発見や感動があり、その山の印象となって強く残る。それらとの出合いと、より高いエクスタシーを求めて、これまで登り続けて来た。

　この年齢になっても、まだまだ現在進行形で山三昧の人生を歩みたい。残りの人生、足腰が立たなくなるまで「新たな感動と出合いを求めて」山歩きを続けられたら、この上ない幸せな人生であろう。

From　函館

少年の心で山へ

道東・道北の山

雌阿寒岳・
雄阿寒岳

カムイヌプリ[摩周岳]・
西別岳

藻琴山

武佐岳

斜里岳

羅臼岳

知床硫黄山

仁頃山

石垣山

天塩岳

ウエンシリ岳

三頭山

ピッシリ山

ピヤシリ山

利尻山

礼文岳

釧路市・足寄町

夜明け前の雌阿寒岳から中マチネシリ火口越しに雄阿寒岳と阿寒湖を望む

雌阿寒岳(1499メートル)・雄阿寒岳(1370メートル)

山容対照的な夫婦山

阿寒湖を挟んで向かい合う雄阿寒岳と雌阿寒岳は、その名が示す通り、アイヌの人たちがピンネシリ（男山）、マチネシリ（女山）と呼んだ夫婦山である。湖畔から力強くせり上がる雄阿寒岳は端正な円すい形の静かな山だが、雌阿寒岳は今なお噴火を繰り返し、大小の火口から噴煙を上げ、いくつもの寄生火山を抱く荒々しい活火山である。

筆者が両山に初めて登ったのは1994年。早朝のうちにオンネトーコースから雌阿寒岳と阿寒富士に登り、その足で阿寒湖畔コースから雄阿

阿寒湖畔コースから見上げる剣ヶ峰

寒岳に登った。

先に登った雌阿寒岳は、一番乗りの頂上で腰を下ろした途端に、待っていたかのようにガスが晴れた。予想以上に深くて大きな火口、もうもうと噴き上げる噴煙、コニーデ形の荒々しい寄生火山の阿寒富士、火口の中の赤沼と

夜明け前の雌阿寒岳から
ポンマチネシリ火口越しに
望む阿寒富士

おまけ情報

　この両山の周りには温泉が多い。中でも、筆者お気に入りの日帰り温泉は、雌阿寒温泉の野中温泉本館（200円）。硫黄泉の源泉かけ流しで、野趣あふれる浴室が好きだ。阿寒湖温泉の方は、共同浴場まりもの湯（500円）。単純泉の源泉かけ流しで、阿寒でも一番濃い温泉とのこと。

　青沼、阿寒湖側の中マチネシリ火口と剣ヶ峰の鋭い岩峰、そして、その奥に見える阿寒湖と雄阿寒岳などなど。目隠しを外されたような天候の粋な計らいに感激しながら、それらの景観を楽しんだ。

　鞍部から登り返す、一等三角点が設置された阿寒富士からは、大きく口を開けたポンマチネシリ火口と眼下のオンネトーの神秘的な青さが印象的だった。

　雄阿寒岳の方は、実質的な8合目に相当しそうな5合目の後、立て続けに6～9合目が現れるバランスの悪い合

阿寒富士から眺める雌阿寒岳と
ポンマチネシリ火口

阿寒湖畔から望む雄阿寒岳

目表示に戸惑ったこと、山頂からしか全容が見えないパンケトーとペンケトーが印象に残っている。この雄阿寒岳には、その数年後、今は廃道になっているオクルシベコースを登り、「日本百名山」に記された深田久弥氏の思いを追体験することができた。

雌阿寒岳と阿寒富士は、その後、ほかの2コースからも登っている。個人的には、距離は長いが、剣ヶ峰にも登れ、花も多く、広大な火山地形を堪能できる阿寒湖畔コースが好きだ。

昨冬、念願だった厳冬期の雌阿寒岳にも雌阿寒温泉コースからトライした。アルミかんじきでスノーシューのトレースをたどった。針葉樹林帯を抜けると、ハイマツや溶岩が頭を出す吹きさらしの斜面が広がっていた。

山頂近くでは、耐風姿勢を取らなければ飛ばされそうな中を慎重に登った。そのかいあって、夏とは全く違った迫力に富んだ大パノラマを楽しむことができた。　（2014・12・16 掲載）

自生地は雌阿寒岳と知床半島に限られているメアカンブスマ

雄阿寒岳山頂から見下ろすパンケトー（左）とペンケトー（右）

雄阿寒岳8合目手前を、阿寒湖と雌阿寒岳を背に登る

弟子屈町・標茶町

西別岳から望む爆裂火口を抱いたカムイヌプリと摩周湖

カムイヌプリ[摩周岳]（857メートル）・西別岳（800メートル）

威厳　優美　花畑と絶景

　カルデラ壁で囲まれた真っ青な摩周湖の一角に、大きな爆裂火口を開けてそびえるカムイヌプリ。別名摩周岳。神秘の湖に野性的な変化をもたらす存在だ。

　道内にはアイヌ語で「神」を意味するカムイの名が付く山は多い。しかし、このカムイヌプリが、もっともそれらしい威厳と品格を備えているように思われる。摩周の語源は定かではない。アイヌの人たちは「キンタン・カムイ・ト（山奥にある・神の・湖）」と呼んでいたらしい。

　このカムイヌプリと縦走路で結ばれ

夜明け前の摩周湖とカムイヌプリ

た南東隣の優美な山が西別岳。展望の良さと花の種類の多いことで知られる。西別川の水源に位置することが山名の由来らしい。語源は諸説がある。

　この両山に最初に登ったのは、それぞれ別々だった。カムイヌプリは、摩周湖第一展望台から外輪山の稜線を半

おまけ情報

この記事掲載後の2014年9月、この縦走路がコースの一部となっているフットパス「北根室ランチウェイ」（中標津バスセンター〜開陽台〜養老牛温泉〜西別岳〜摩周湖第一展望台〜JR美留和駅の71.4㌔）を2泊3日で歩いた。2泊目は念願の西別岳登山口に建つ快適なログハウスの西別岳山小屋だった。

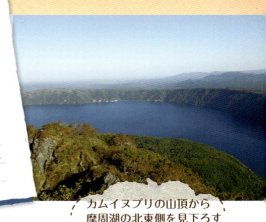

カムイヌプリの山頂から摩周湖の北東側を見下ろす

周するコースをピストン。スタート時は、「霧の摩周湖」だったが、徐々に晴れてきた。摩周ブルーの湖面にポツンと浮かぶカムイシュ島が霧に見え隠れする幻想的な風景に感動しながら歩いた。

高度感満点の深い爆裂火口には、屈斜路方面からの槍が突き刺さり、怒った神様が国後島のチャチャヌプリへと抜け出した跡だというアイヌ伝承がある。

一方、西別岳は、武佐岳、標津岳と合わせて一日3山踏破にトライした時の最後の山だった。急登が続く「がまん坂」を越えた787㍍ピークがリスケ山。快適さで有名な西別小屋を長年、管理されて来た標茶町の加藤利助氏が由来の山だ。

第1〜第3花畑に咲く多くの花々は期待通りだった。しかし、ガスに巻かれ、この山の魅力でもある展望に恵まれなかった。それだけに、天気の良い時の再訪とカムイヌプリとつなげることが念願だった。

それがかなったのは、2001年の晩秋。爽やかな秋晴れの下、摩周ブルーと名残紅葉を楽しみながら、まずは、カムイヌプリへ。分岐まで戻って西別岳へ。

前回はやぶで覆われていた縦走路は、幅広の快適な道に変身していた。カムイヌプリから眺めたときには遠く感じた道だが、45分で到着。草原状の頂上からのカムイヌプリと摩周湖、さらには藻琴山や斜里岳、広大な根釧原野の眺めは絶景だった。

（2013・10・18 掲載）

カムイヌプリ登山道から眺める西別岳。ササ原を彩る一面のホツツジの紅葉が美しい

弟子屈町
美幌町

頂上から凍結した屈斜路湖を見下ろす

藻琴山(1000メートル)

眼下に広がる屈斜路湖

　ずっと以前、網走付近から南の方角を眺めたときに、ゆったりとしたラインを引く端正な形の山に心ひかれたことを覚えている。それが、日本最大級の屈斜路カルデラを取り巻く外輪山の最高峰で、屈斜路湖の北岸におおらかな姿で横たわっている藻琴山だった。標高が1000メートルジャストというのも魅力のひとつだ。

　山名は、藻琴川の源にあることによるらしいが、アイヌ語では、知里真志保が「アイヌ語入門」で記した山そのものを指すトーエトクシペ（湖の奥にある山の意）がよく知られている。

冬の東尾根の途中から屏風岩と山頂部を眺める

　山頂は、釧路管内弟子屈町とオホーツク管内美幌町の境界線上に位置する。しかし、登山道はオホーツク管内小清水町と大空町からの2コースが開かれていて、これらの4町にまたがっている山でもある。登山口は両コースとも700メートルと800メートル付近にあり、誰でも容易に登れる山だ。

　最初の訪問は97年、小清水ハイラ

ンドからのコースを登った。屏風岩の周りの花畑は、青色のチシマセンブリが最盛期だった。頂上手前の鞍部は裸地の広場になっていた。昔はここに避難小屋が建っていたらしい。急斜面をひと登りで頂上に出た。

狭い頂上に建つ個人名が彫られた石碑を遭難慰霊碑かと思ってドキッとしたが、どうやら顕彰碑のようだ。いわれは不明である。眼下には、雲海にすっぽり覆われた屈斜路カルデラが広がり、同湖の中島やアトサヌプリ（硫黄山）などが雲間から頭を出す、一等三角点の山らしい360度の展望が楽しめた。遠くは大雪の山々、知床連山、オホーツク海の海岸線と平野部の眺めなどなど。

再訪は、東藻琴コースから。8合目登山口の銀嶺水で喉をうるおし、古い銀嶺荘の中をのぞいてスタート。快適な登山道が続くダケカンバ林の紅葉を楽しみ、ハイマツ帯を抜けると、わず

カムイヌプリから眺めた藻琴山（奥）。手前はアトサヌプリ（硫黄山）

か20分であっけない頂上だった。

冬期間は、そのなだらかな山容から山スキーの絶好のフィールドになっていると知り、2014年に訪れてみた。キャンプ場の下から夏道のある東尾根へ登り、頂上直下からキャンプ場へ続く谷地形の斜面を滑り下りた。850メートル付近の樹氷が美しく、東尾根は崖状の湖側に雪庇が発達し、険しい姿を呈していた。夏には感じなかった緊張感と凍結した屈斜路湖の眺めが新鮮だった。

（2015・10・30 掲載）

山頂から東側の湖面を見下ろす。奥にはカムイヌプリ

おまけ情報

最近の屈斜路湖周辺で、話題を呼んでいるのが「雲海」らしい。筆者も朝早く登った初回の時に、頂上から雲海にすっぽり覆われた屈斜路カルデラを目にしている。湖を望む三つの峠（津別峠・美幌峠・藻琴峠）にある展望台からも可能だが、一番の雲海スポットは標高947メートルにある津別峠展望台とのこと。

登山口へ向かう途中のそば畑と武佐岳

中標津町・標津町

武佐岳(むさだけ)（1005メートル）

山頂から野付・国後

山頂標識と北西方向に見える斜里岳

　この山を知ったのは、「地球の丸さを体感できる、根釧台地の330度の大パノラマ」がうたい文句の根室管内中標津町の開陽台で、「360度ではないのは、武佐岳が邪魔をしている」と説明されたときだった。

　松浦武四郎の「知床日誌」にはチセヌプリと記載されているが、その後、武佐地区に入植した人たちがひときわ目立つこの山を武佐岳と名付けたらしい。

　登山道は、1956年に開削され、2年後に武佐岳憩清荘が建設されている。

　筆者がこの山に初めて登ったのは、2002年の夏、知床岳から下山した翌日だった。ガスが立ちこめていたにもかかわらず標津岳と西別岳と合わせて1日3山のピークハントに挑戦した。もちろん眺望はなく、なぜか頂上が4合目だった。

　そんなわけで、2年後の5月下旬に再訪。たまたま、札幌のKさんも同じ日に計画していて同行することに

山頂から根釧台地の広がりの向こうに国後島を望む

出べそのような大きな岩が鎮座する頂上

なった。実はKさんの曽祖父が開陽台付近に入植し、この辺り一帯を開拓し、開陽台も一族の土地だったそうだ。子供のころ祖父の家に遊びに来ては武佐岳を眺めていたそうで、彼にとっては特別な思いのある山のようだ。

開陽台駐車場で夜を明かした。国後島の爺々岳の上から昇る朝日に感動し、日差しを受けて輝く武佐岳を眺めながら登山口を目指した。

頂上を10合目とする合目標識が新しく設置されていた。前回3合目だった花畑が8合目になっていた。ここからは、このコース一番の急登になるが、常に頂上が見え、エゾムラサキツツジ、キバナシャクナゲ、チシマザクラの花々や眼下に広がる根釧台地が、その辛さを癒やしてくれた。高度を上げるに連れて斜里岳がその姿を徐々に現してくるのも励みになる。

双耳峰の鞍部から稜線を詰めると、出べそのような大きな岩が鎮座する一等三角点の頂上に到着。山頂からは、見渡す限りの眺望がほしいままだった。すぐ近くに見える斜里岳、その東側に続く知床半島の山々、南側には果てしなく広がる根釧台地と野付半島、国後島、西側には阿寒湖や摩周湖の周りの山々…。

それらの展望を再び期待して10年後に3度目の頂上に立ったが、残念ながら8合目より上はガスで覆われたままだった。　　　（2016・6・3掲載）

斜里町
・
清里町
・
標津町

斜里町郊外から望む
斜里岳の雄姿

斜里岳（1547メートル）

社が祀られている鞍部から
頂上を見上げる

変化に富んだ名峰

『日本百名山』の著者深田久弥氏をして、「かねてからその姿を写真で見て、私の憧れの山の一つであった」と言わしめた斜里岳。知床半島の付け根に雄大な裾野を広げ、急峻な山肌に刻む深く険しい谷の上に鋭く頭頂部をもたげるその姿は、四季を問わず荘厳で美しい。オホーツク富士、斜里富士とも呼ばれる。

斜里川の源流にあることが由来の山名だが、シャリとは、アイヌ語のサル（葦の生えた湿原の意）が訛ったとされる。アイヌの人たちはオンネヌプリ（老いた山、親山の意）と呼び、神のごとく崇拝したという。

筆者がこの山に初めて登ったのは1993年の夏だった。下二股から大小の滝や滑滝が連続する旧道を登った。上二股まで、名前が付いているだけでも8つの滝（白糸、水簾、羽衣、万丈、七重、見晴、竜神、霊華）が続く。暑さや疲れを忘れさせる変化に富んだ楽しい沢コースだ。

頂上からは、オホーツクの海岸線と平野部に広がる幾何学模様の畑、知床連山や阿寒付近の山々の眺めが新鮮だった。

下山は、熊見峠を越える新道へ。途中の竜神ノ池は、鉄イオンを含んだ水の湧く「鉄釜」と呼ばれる独特の地形らしい。昔、干ばつの年にわらで作った大きな竜をこの池に沈めて祈ったら、大雨が降り、それ以来干ばつはなくなったという伝説の池だ。

再訪は、新しい清岳荘がオープンした05年。その管理人となった岳友・北見山岳会の重鎮である熊ぷ～さんと愛犬エル嬢への表敬訪問だった。斜里の町が見下ろせる小高い丘の上に建つ高級別荘のような鉄筋コンクリート製の山小屋に驚いた。登山者は、道内の人より百名山巡りの本州の人の方がずっと多いとのこと。

翌日は南斜里岳（1442メル）への縦走予定だったが、強風のために斜里岳だけで撤退。南斜里岳は、翌年出直して

おまけ情報

この山の麓の清里町の穴場的見どころとして、摩周湖からの地下水でできている「神の子池」、上流に川のない不思議な滝「男鹿の滝」（斜里岳の銀嶺水が1日3万トンも岩から湧出して流れ落ちている）、「裏摩周展望台」などがお勧め。なお、下山後は、きよさと温泉（日帰り390円）で汗が流せる。

8つの滝が続く旧道コースを登る

リベンジを果たした。頂上手前の岩場を怖々通過して頂に立った。置いたリュック、登山靴やズボンの裾が真っ黒になるほどの蟻の大群に遭遇し早々に逃げ帰った。

その後、根北峠から積雪期の東斜里岳（1452メル）へも挑戦したが、頂上直下の急な岩場のアイスバーンに阻まれて断念。あと、玉石沢（三井）コースが未踏の楽しみとして残っている。

（2013・8・23掲載）

新道コースから眺める斜里岳山頂部

斜里町・羅臼町

知床峠からそそり立つ羅臼岳

羅臼岳（1661メートル）

オホーツク海をバックに大沢の雪渓を登る岩尾別コース

知床連山の盟主

　先端まで60キロにわたる知床半島。その背骨を形成する知床連山の最高峰・羅臼岳。端正で堂々たる山容はまさに盟主にふさわしい風貌である。古くは、アイヌ語でチャチャヌプリ、さらにはラウシ岳、良牛岳と記されたこともあるという。

　まだ20代半ばの1969年夏、職場の仲間5名で、当時の函館発網走行きの特急「おおとり」に11時間近くも揺られてから網走駅のホームで野宿。さらに、森繁久弥の「知床旅情」が流れるウトロで1泊。翌日の午後に岩尾別コース登山口の木下小屋を出発し、弥三吉水でテント泊。4日目にしてようやく羅臼岳の頂きを踏んだ。

　岩塊の積み重なった溶岩円頂丘の山頂から眺めた、三ツ峰〜サシルイ岳〜その奥に続く硫黄山までの連なりと、硫黄山手前の白と黄と黒の不気味なまだら模様の山肌が脳裏に焼き付いている。その後、それらを越えて二ツ池で1泊。シレトコスミレに感動し、13時

頂上から三ッ峰〜サシルイ岳〜硫黄山方向を望む

屏風岩の谷地形を登る羅臼コース

雲海上の山頂にて。筆者は左

百名山ブームのせいか、27年前と同じ山かと思うほど、ものすごい数の登山者に驚いた。狭い頂上は次々と押し寄せる登山者に、座って休む空間もなく、トコロテン式に下山せざるを得なかった。しかし、そのとき漠然と眺めていた、知床峠を挟んだ西側の知西別岳、遠音別岳、海別岳にまで、その後に登ることになるとは夢にも思わなかった。

標高差が1500メートル以上もあり、距離も長くタフな羅臼コースからのトライがかなったのは、さらに18年後の2014年秋だった。筆者は70歳のじいさんになっていた。根室市のえみちゃんが同行してくれた。川底に硫黄が貼りついた川の渡渉、迫力ある「屏風岩」、まだ初夏のエゾコザクラやアオノツガザクラなどの花が咲く雪渓の周辺、急で長いザレ場の登りなど、非常に変化に富み、登りに6時間を要したが、静かな登山が楽しめる大満足のコースだった。しかし、紅葉で彩られた岩場をよじ登った山頂からの視界のすべては、果てしなく広がる雲海と青空のみだった。　（2015・9・11掲載）

間以上を要して当時まだ道路のなかった羅臼側の海岸線のルサ川の河口に下りた。

　再訪は、27年後の96年秋、25歳の青年は52歳のおじさんになっていた。それでも、前日に日高のカムイエクウチカウシ山を単独日帰りし、3時間の仮眠後7時間以上も車を走らせて、岩尾別コースを往復した。

斜里町

知床五湖の一湖越しに望む
知床硫黄山(左の鋭峰)

知床硫黄山(1562メートル)
しれとこいおうざん

雪渓を越え　名花と対面

　その山でしか見られない花となると、どうしてもこの目で見たくなる。道内のほとんどの山でそれがかない、残ったのが知床の名花・シレトコスミレだった。実は、40年以上前に羅臼岳からルサ川へ縦走したときに、途中で目にしていると記録にはあるが、記憶にはない。それを日帰りで目にできるのが、羅臼岳から東に連なる知床連山の東端に位置する鋭峰・知床硫黄山である。

　山名は、硫黄が採れたことに因る。幕末の1858〜60年には、会津藩による採掘が試みられている。74年（明治7年）には開拓使お雇い外国人ライマンが踏査し、明治時代と昭和前期の2度、本格的に操業している。1935（昭和10）〜36年の噴火では、カムイワッカ川や海浜は黄色い硫黄で覆われたという。硫黄採掘は39年まで続いたが、過酷で悲惨なタコ労働によるも

硫黄鉱山の遺構が残る
旧硫黄採掘地から頂上を仰ぐ

知床の名花 シレトコスミレ

のだったと記録に残る。

　早くに登りたかったが、カムイワッカの滝から登山口までの道が落石防止工事のため、登山禁止が続いていた。それが6年ぶりに解禁となったのが2011年。早速、花の時期に合わせた7月上旬、17年ぶりの再訪となった。5回も登っているがシレトコスミレは見たことがないという、根室管内中標津町の岳友2人も同行した。

　登り始めてまもなく、「旧硫黄採掘地」の標識が立ち、遺構も残る新火口下に到着。その上の新火口一帯は、噴石や溶岩や硫黄の噴気孔などの荒涼とした活火山地形が広がる。

　やがて、やたらと長く感じるハイマツ帯の尾根から、雪渓の詰まった硫黄川上流の沢型を登っていく。雪渓を抜けると、源頭近くでザレ場（石や砂が広がる場所）となってくる。

　いよいよシレトコスミレとの対面場面。ひと株見つけると、次々と目に飛び込んでくる。やはり本物との対面は感激が違う。他のスミレと比べて、白い花弁は厚目で、花心部は黄色い。下側の花弁に紫色の筋模様が入っている。葉も厚く光沢があり色も濃い。気品に満ちているが、厳しい条件のところに咲くだけに逞しい感じもする。

　ロッククライミングもどきを強いられる急な頂上岩峰からは、羅臼岳までの荒々しい連山、半島の根元から先端までの山々とオホーツク海の海岸線、さらに、国後島の山並みなどの大パノラマが広がっていた。

　下山途中で、下の雪渓の上で雪に身体を擦りつけながら回転している熊の姿が目に入ってくる。笛を吹いても声を掛けても、知らんぷり。かなり人なれしているようで、襲って来る気配はない。覚悟を決めて10㍍程の幅の雪渓の反対側を目をそらさずに静かに通過。その間ずっとこちらを見詰めていたが、これまで目にした中では最大級だった。直近から撮った画像には、優しそうなカメラ目線の大きな顔がしっかりと写っていた。（2013・7・5掲載）

知床連山をバックの頂上にて。
中標津町の岳友2人と共に

北見市・佐呂間町

富里ダムから眺める仁頃山

仁頃山（にころやま）（829メートル）

西尾根コースから山頂を見上げる

地元住民憩いの山

　札幌の藻岩山、函館の函館山、旭川の嵐山、室蘭の室蘭岳などは、地元市民に愛され、四季を問わず毎日のようににぎわっている山である。仁頃山もそうした山のひとつで、北見市民に愛される憩いの山だ。

　同市の最高峰で、頂上にアンテナ群が建っているが、低山ながら豊かな自然と眺望の良さ、丁寧に整備された登山道が人気の秘密である。その自然環境保持を担っているのが、2002年に発足した「仁頃山愛好会」である。7コースもの登山道があり、今や北見市民だけでなく全国から登山者がやってくる。

　筆者が初めて訪れたのは2004年5月下旬。北見山岳会の重鎮である熊ぷ〜さんと愛犬エル嬢の案内で、もっとも自然と変化に富む奥新道コースを登った。

　朝、登山口に到着したら、平日なのに20台もの車があり驚いた。そこへ上品な感じの見知らぬ女性が現れて、

あいさつをいただいてまたまたびっくり。筆者のブログを見てわざわざ来てくれたという。植物研究の山歩きをされている方で、おかげで楽しい登山となった。

頂上から富里ダムと北見市街地を見下ろす

新しく設置されたばかりの立派な「ふれあい橋」を渡って登山開始。その後、「冷水沢」「極楽尾根」「仁頃平」「栃木天井」などの標識やその景観、春の花々や芽吹きの新緑を目にしながら登った。一等三角点とベンチが設置された頂上からは、360度の眺望を期待したが、オホーツク海方面はかすんでいた。

下りの管理車道コースには合目の標識が設置され、「つつじ岩」「湿地植物観賞コース」「やなぎ村」なども楽しかった。登山口には、千回以上も登っているという同愛好会の佐藤喜作会長がおり、「わざわざ函館からですか」と感激された。

それから7年後の秋、最長コースの東尾根コース〜西尾根コースを縦走した。頂上からは、前回目にできなかったサロマ湖を中心としたオホーツク海方面の展望や、早い雪を抱いた大雪の山々も見えた。下りの西尾根は、仁頃川の源流部を取り巻くように、標高650㍍前後の小ピークがいくつも連なる長い尾根だった。しかし、常に左手に山頂が眺められ、カエデ類の紅葉が美しく、行程の長さも気にならなかった。冬期間も登る人が毎日いるようだ。機会があれば冬もぜひ再訪してみたいと思っている。(2016・2・26 掲載)

頂上からサロマ湖を望む

地元の思いが伝わる丁寧な案内板

愛別町

柱状節理の岩壁の根元を進む

石垣山（いしがきやま）(525メートル)

国道39号から眺める石垣山

岩窟見つけ歴史実感

　国道39号を上川管内愛別町市街から上川方面に向かうと、石狩川を挟んだ右側に層雲峡のような柱状節理の岩壁を連ねた低山が見えてくる。愛別町のインターネットサイトによると、十勝アイヌと石狩アイヌの古戦場といわれ、間宮林蔵も松浦武四郎もこの石垣山の崖の大岩窟で1泊したと伝えられている。

　この山への初登は1999年の夏だが、そのような歴史的なことも知らないまま登っている。中愛別発電所そばの登山口から岩だらけの道を登って行くと、垂直に切り立つ岩壁の根元に出た。そこからどんどん北の方へ進んで行く。ロッククライミングの用具が岩に残り、道沿いに四国八十八カ所巡りの石仏が置かれていた。

　岩の割れ目からカツラの大木が生えている「桂岩」に驚き、9合目の「相愛岩」の先で稜線に出る。やがて、手入れの行き届いた開けた場所に出た。木の幹に「山頂」標識があった。意外

な場所だった。切り立った断崖の上の「見張りの岩」からは、眼下に連日の大雨による石狩川の茶色い濁流がのぞいていた。

それから14年後の2013年、「松浦武四郎と間宮林蔵宿泊の大岩窟」と三角点のある山頂を確かめたくて再訪した。しかし、岩窟への踏み跡を見つけられずに、前回より整備されて立派な公園になった「頂上」へ出た。その先の新しい道を下って、「古戦場跡」の石碑を見つけたが、三角点の探索も途中で諦めざるを得ず、悔しさだけが残った再訪だった。

下山後、すぐにネットで調べたら、「北のかもしか」さんのサイトに、岩窟への踏み跡とそこから先の三角点のある頂上への詳しい情報が載っていた。

翌日、それを頼りにリベンジを試みた。目印のカツラの大木のそばから不明瞭な踏み跡を登った。右手に続く岩壁の一角にポッカリと四角い口を開けた1坪強の広さの岩窟があった。「間宮林蔵（文化年間）松浦武四郎（安政四年）宿泊の洞窟」と書かれた表示板が立てかけられていた。

さらに、その上の踏み跡を辿り、垂直に近い岩壁の割れ目を登って、GPSを頼りにササやぶを進んだ。赤いペンキで塗られた二等三角点が目に入った。2日がかりの岩窟探しと登頂がかなった瞬間だった。

（2016・8・19 掲載）

公園として整備され、「頂上」とされている「見張りの岩」からの眺望

間宮林蔵と松浦武四郎が1泊したと伝えられる岩窟

頭上の柱状節理の隙間から生えている根性カツラ「桂岩」を見上げる

士別市・滝上町

西天塩岳から望む前天塩岳（左）と天塩岳（右）

天塩岳（てしおだけ）(1558メートル)

頂上から西天塩岳（左）と円山（右）を見下ろす

天塩川の源流部

　標高の低い山が多い道北の中では、利尻山を除くと、唯一の1500メートル超峰だ。道北は天塩川によって縦に分断され、日本海側が天塩山地で、オホーツク海側が北見山地。その北見山地の源流部に位置する奥深い山である。天塩川流域を遡って探査した松浦武四郎の『天塩日誌』にも「テセウ岳と　云て此川源也…」と記されている。

　登山口には立派な天塩ヒュッテが建つ。無人・無料にもかかわらず、管理が行き届いた人気の山小屋だ。1981年（昭和56年）に当時の朝日町（現在は士別市）が建設し、現在でも市の委託業者に管理・清掃等を依頼しているとのこと。

　94年秋の初登以来3回訪れている。最初は前天塩岳コースを登り、新道コースを下った。前天塩岳の岩礫帯の直線的な急登にも驚いたが、山頂付近で突然目の前に広がった異様な光景に目を見張った。ハイマツの墓場だ。山火事の跡だが、20年後に見たら

新道コースに建つ
洒落た避難小屋とトイレ

すっかり朽ちて異様さがうせていた。
　御影石に隷書体の文字で彫られた立派な山頂標識にも驚いた。あいにく表大雪は雲に覆われていたが、北大雪や東大雪の山々、近くのチトカニウシや北見富士を眺めながら昼食をとった。新道コース途中に建つスマートながらも頑健な避難小屋とトイレも、たおやかな稜線にアクセントをもたらす好きな眺めである。
　再訪はその13年後。天塩川の源流を遡る感じの旧道コースを登り、新道コースを下った。3日間で北海道3大河川（石狩川・十勝川・天塩川）の源流遡行に挑戦中の2人連れに会った。

このコースは登山道より沢登りスタイルで遡った方が効率的で絶対楽しいと思った。
　3度目は、花狙いの2014年7月。今度は最初と反対回りのコースを取った。円山への登りで、ほかではあまり目にすることのないエゾゴゼンタチバナのほかにオオタカネバラ、リンネソウが目に付いた。頂上から前天塩岳へ向かって少し下ったところにこぢんまりとした花畑があり、ヨツバシオガマ、ウサギギク、アオノツガザクラなどが咲いていた。
　その年の秋に新道コース途中から西天塩岳への登山道が開かれた。次回は、新ピークゲットを兼ねて新緑の頃にでも、さらには、滝上コースも歩いてみたい。まだまだ夢は尽きない天塩岳である。　　　　（2015・7・17掲載）

この山でしか見たことがない、
花が黒褐色で葉が対生する
エゾゴゼンタチバナ

おまけ情報

　この記事掲載後の2016年9月に、山小屋の1㌔手前にある再整備された新道登山口から登り、避難小屋の横から新しく登山道が開削された西天塩岳にも寄ることができた。なお、2016年現在、旧道コースも前天狗コースも前年の台風の影響で通行止めになっていて、新道コースしか登れない。新道登山口が再整備されたのは、そのことも影響があるようだ。

西興部村
下川町
滝上町

左奥の頂上を目指して岩尾根を登る

ウエンシリ岳 (1142メートル)

急峻で険しく深い谷

　北見山地の中央部に位置するオホーツク管内西興部村、下川町、滝上町の3町村にまたがる一等三角点の山である。ウエンシリはアイヌ語で「悪い山」の意だが、急峻な絶壁状の雪崩斜面を連ねた険しく深い谷を持つことに由来しているのだろう。

　初登は、1996年の夏、利尻山の翌日だった。まず先に、この山の麓にある、当時、TVで紹介され、西興部村の観光名所となっていた「氷のトンネル」を見物した。傘をさして入った。「日本一」をうたっているだけあって、見事な大きさだった。

尾根の右側に険しい雪崩斜面が覗く

　登山コースは3本あったが、最短距離の氷のトンネル（東尾根）コースを選んだ。いきなり粘土質の急斜面の直登である。端のササにつかまらないと滑って登れない。最初からどっと汗が流れる。その後も、それまでに経験のないほど急な直登が続いた。両側の谷

おまけ情報

この山の麓にある「日本一の氷のトンネル」は、切り立った絶壁のような斜面からの全層雪崩によって、高さ十数メートルも雪が固く積み重なったものに、上部は雪崩と一緒に落ちてきた木の葉などに覆われて融雪を阻み、沢水の温度で下から雪が融け出してできる、巨大なトンネルである。積雪の多い年では500メートルに達することもある。

しかし、2001年の崩落事故以降、一般見学は禁止され、道路も通行止めになっている。毎年7月最終日曜日に、地元商工会青年部主催で安全に見学できるよう一日解放イベントを実施している。

2000年以前は一般公開されていた「氷のトンネル」

950メートルを過ぎると、斜度も緩み、頂上が左手に見える

の対岸の尾根からの雪崩斜面の迫力がすごい。「氷のトンネル分岐」からは、スリルと変化のある細い岩稜尾根が続き、四つん這いやロッククライミングもどきの適度な緊張感が楽しかった。

やがて、斜度が緩み、心地よい尾根歩きとなった。初めて目にするオホーツク方面と道北方面の新鮮な眺めがうれしかった。頂上の左側に天塩岳とその奥に雪渓を抱いた表大雪。振り返ると鬱岳（うつだけ）の北側に道北特有の丘陵状の重なりがあり、その奥にオホーツク海。北西方向には、前日に登った利尻山も見えた。頂上では、それらの眺望と眼下の氷のトンネルを形成する雪崩斜面の深い谷を見下ろしながら1時間以上ものんびりした。

再訪は2005年、ウエンシリ岳の奥に縦走路ができ、『夏山ガイド』に新しく加えられたポロナイポ岳（1093メートル）狙いだった。このときは、下川コースから登ろうと思って登山口まで行ったが、「安全が確認されていないので当分、入山禁止とします」となっていた。最長の北尾根コースとも考えたが時間が遅くなったので、結局、前回と同じコースを登った。

頂上からポロナイポ岳までは、往復2時間。狭い頂上は1060メートルピークで、地図上に1093メートルと記されているピークはその西側の岩塔のようなピークだった。しかし、ウエンシリからは見えなかった西側の展望も含めて360度の眺めが魅力だった。　（2017・2・17 掲載）

幌加内町

ユニークなトーテムポール状の山頂標識と筆者

三頭山 （1009メートル）
さんとうざん

幌加内郊外の国道275号から見上げる三頭山

山名に入植者の愛着

　天塩山地第2の高峰で、道北では貴重な1000メートル峰だ。興味を覚えたのは、道北の山はほとんどがアイヌ語に由来する山名なのに、この山は和名だったことである。山頂部に3つの頭を持つことによるらしいが、この山を眺めながら幌加内地区の開拓に励んだ入植者たちの愛着がしのばれる。今年で創立30周年を迎えた「東京幌加内会」の会報名が『三頭山』である。充実した登山道整備や標識等にもその思いがあふれている。

　筆者は3回登っているが、いずれも初夏で5合目の丸山分岐からの雨煙別
う　えんべつ
コースである。初回は天候に恵まれず、展望もなく、この山の姿も目にすることができなかった。リベンジでの再訪は、これ以上望めないほどの快晴に恵まれた。

　7合目までは、4回ほど同高度の小ピークを越えるアップダウンが続き、高度を稼げない。しかし、道沿いにはエゾイチゲ、ツバメオモト、ハクサン

チドリ、さらには、チシマザクラやムラサキヤシオツツジなどの花々が迎えてくれた。登山道からは見えないが、「見晴台」の近くに樹齢百年ほどのチシマザクラが自生する群落があるらしい。「胸突き八丁」の急登を越えると、雪渓が多くなり、時季外れの早春の花々を楽しむことができた。

ところが、見なくてもいいものまで目に飛び込んできた。目の前の大きな雪渓の上の「岩かな？」と思った黒いものが、やおら立ち上がり、こちらを振り向いて速足で上の方へ歩き始めた。熊だった。それまで何度か目にしたことはあるが、「鉢合わせはしたくないが、カメラに収められる距離で見てみたい」の思いがかなった瞬間である。

一瞬ためらったが、頂上を目前にして退却も悔しい。笛を吹きながら一頭山と二頭山を越えた。ところが、頂上直下の雪渓にも頂上へ向かって一直線に足跡が続いている。頂上へ着いたら熊がお出迎え…などというのはご免だ。大声を上げて進んだ。

待っていたのは熊ではなく、前回には無かったトーテムポールのような山頂標識と広く刈り払われた山頂、そして、一等三角点にふさわしい360度の大展望だった。東側の幌加内盆地とその向こうの表大雪や十勝連峰の白い連なり、北側の天塩山地や北見山地の山々などの絶景に、熊のことなどすっかり忘れてしまった。

（2015・5・22掲載）

山頂からは、幌加内政和地区のそば栽培が中心の畑地が見える

一頭山からは、二頭山とその左奥に三頭山頂上が見える

おまけ情報

幌加内町は、北海道で最も人口の少ない「町」であり、2015年の国勢調査では人口密度が日本一低い町である。しかし、1970年（昭和45年）減反政策の中で、基幹産業である農業は米からそば栽培へ転作され、現在は作付面積、生産量ともに、全国一を誇る「日本一のそばの里」となっている。「幌加内そば」は、地域団体商標の登録を行うなど、加工品づくりにも力を入れている。

羽幌町
幌加内町
遠別町

蕗ノ台コース途中の熊岳から頂上（中央奥）を眺める

ピッシリ山 (1032メートル)

長大な稜線彩る花々

天塩山地の最高峰で、道北では珍しく1000メートルを超す山である。知名度は低いものの、長大な山頂稜線を持つどっしりした大きな山だ。登山道は、羽幌側からと幌加内側からの2本。山名はアイヌ語の石の山の意だとする説はあるが、定かではない。

この山に初めて登ったのは、1996年の夏、利尻登山の前日。距離の短い羽幌コースを辿った。きれいに整備された快適な登山道、1キロごとの標識、意外に多かった花々、草原状の頂上に突き出た一等三角点（点名・比後岳（ぴっしりだけ））が印象的だった。

日本最大のダム湖・朱鞠内湖を眺める

360度の展望を期待したが、遠望は霞んで、天売・焼尻島も利尻富士も見えなかったのが心残りだった。唯一出会ったのは、京都からの4名のグループ。こんな地味な山なのにと驚いたが、一等三角点マニアの方々だった。

再訪は、幌加内側の蕗ノ台コースからと決めていた。実現したのは17年後、2013年の6月下旬。釜ヶ渕岳

272 道東・道北の山

おまけ情報

この山の麓の朱鞠内湖は、幌加内町の雨竜川上流に位置する日本最大のダム湖である。総貯水容量も戦後に佐久間ダムが完成するまでは日本一であった。1974年に湖周辺は「朱鞠内道立自然公園」に指定され、キャンプ場もあり、カヌーやボート、釣りをする人の姿もみられる。「幻の魚」とされるイトウがまれに釣れる。冬季間はワカサギ釣りでも賑わいを見せている。

一等三角点の山頂にて

（925メートル）と熊岳（1025メートル）など大小10ほどのピークを越える約9キロものタフなコースだ。縦走登山にも似たスケールの大きな登山を楽しむことができた。

登山口で、会ったこともない男性からいきなり「坂口さんですよね」とあいさつされてびっくり。拙サイトの愛読者で、札幌のKさんという方だった。せっかくの出会いなので同行することにした。

1時間ほどで南東に広がる、湖面だけが朝霧で覆われている朱鞠内湖が幻想的だった。釜ヶ渕岳で距離的にはほぼ中間だが、その先の源頭を回り込むように辿る稜線も長いし、越えなくてはならないいくつかのピークも目に入ってくる。熊岳と頂上の間の稜線に咲くエゾツツジ、ミヤマアズマギク、チシマノキンバイソウ、エゾハナシノブ、ハクサンボウフウなどの高山帯の花々は望外の喜びだった。

覚悟はしていたが、予想以上にアップダウンが激しく、ようやくたどり着いたという感じの頂上だった。それだけに、大雪連峰〜十勝連峰の連なりやなじみの薄い道北の山々、海上のガスの上にかすかに頭を出している利尻富士がうれしかった。しかし、近いはずの天売・焼尻島はまたも姿を隠したままだった。　　　　（2014・6・20掲載）

稜線に咲くチシマノキンバイソウ

名寄市
・
下川町
・
雄武町

氷雪に覆われたピヤシリ山の頂上に立つ筆者

ピヤシリ山（987メートル）

692ポコ北側のトラバース地点から見えるピヤシリ山

冬の絶景　樹氷群

　名寄市街地から北東部に見える北見山地北部のなだらかな山である。ピヤシリは、アイヌ語で「岩の立つ山」の意味らしい。実際登ってみると、山頂付近にいくつかの巨岩が点在する。

　冬は、幻想的なサンピラー（太陽柱）現象やスノーモンスター（樹氷）が見られる山としても有名だ。「日本百名山」の著者・深田久弥氏も、1939年（昭和14年）にこの山にスキーで登って、その紀行文に「樹氷が見事だった」と書いている。名寄側から山頂近くまで観光道路のある山だが、下川側から自然いっぱいの登山道が開かれている。筆者が98年の初夏に、雨上がりのこの山に初めて登ったのも、そのコースだった。

　涼しげな「御車の滝」、最大のチャームポイント「ピヤシリ湿原」、ライオンや人の顔にも見える「ヌカライネップの岩」、その根元に広がる花畑が印象的だった。ガスが吹雪のように流れる頂上からの展望はなく、結

局、下山後も山の姿も目にすることができないまま帰路に就いた。

　点名が飛鑢岳(ぴやしりだけ)という一等三角点の山頂から、道北の大展望を目にできたのは、観光道路から登った15年後だった。そのときに、「次は冬に」と決めていた。

　たまたま、2015年2月、思いがけない好天の予報に、遠征途中で予定を変更してこの山を目指した。「スキー場下からピヤシリ川沿いに登る最短ルート」という情報の記憶だけが頼りだった。初体験のマイナス27℃の厳しい寒さの中、スキーを履いて、そのルートを進んだ。途中から変更して地形の読みやすい692峰の西尾根に取り付いて、鞍部で観光道路に合流した。

　4時間以上のラッセルをして到着した頂上からは、夏とは全く違う厳寒の地ならではの光景が広がっていた。初めて登った時に往復した東尾根にはスノーモンスターが林立し、その左奥には流氷帯が広がるオホーツク海、南の天塩岳や表大雪、西から北に掛けての天塩山地と北見山地の白い山並みなどなど。

　あとから単独行の2人の男性が到着した。「傘寿（80歳）の記念に登って来た」という地元の男性には大きな驚きと勇気をいただいた。「50年以上この山に登っているが、サンピラーはまだ見たことがない」という。初めて登って「あわよくば」などと思うのは虫が良すぎた…。　（2015・2・27掲載）

樹氷群が広がる山頂部

サンピラーの観察にも利用されるという避難小屋

巨岩の向こうに流氷で覆われたオホーツク海が見える

鴛泊コース8合目 長官山から山頂部を見上げる

利尻町・利尻富士町

利尻山（1721メートル）

海に浮かぶ勇姿

混み合う頂上

深田久弥氏の『日本百名山』に最初に登場するのがこの山だ。冒頭から「礼文島から眺めた夕方の利尻岳の美しく烈しい姿を私は忘れることが出来ない。島全体が一つの頂点に引きしぼられて天に向かっている。こんなみごとな海上の山は利尻岳だけである」と称賛。まさに「海に浮かぶ美しき山」そのもので、利尻岳とも利尻富士とも呼ばれる。

利尻町によると、語源は、アイヌ語「リイ・シリ」で「高い・島」を意味するらしい。1890年（明治23年）ごろ、修験者の天野磯次郎が鴛泊から頂上まで登山道を開削したと伝えられている。

初めて登ったのは、1996年8月、山を始めてちょうど100座目の記念すべき山だった。鴛泊コースから登った。8合目の長官山（1218メートル）で、鋭くとがった山頂部の美しくも迫力に富んだ姿が飛び込んでくる。このコースで最も好きな眺めだ。

多くの登山者が憩う頂上では、そそり立つローソク岩の大岩柱と南峰付近の複雑で荒々しい地形には寒気を覚えた。しかし、周りがすべて海という眺望は、空の上に浮かんでいるような感じでとても新鮮だった。落ち着いてくると、この山固有種のリシリリンドウとリシリオウギなど多くの花々が目に入ってきた。

沓形コース三眺山にて。崩壊が進んだ西面の荒々しい地形を背に

下山は、「親不知子不知」や「背負子投げ」の難所を通過する沓形コースを下った。三眺山（1461メートル）では、見上げるのも怖い山頂直下の崩壊地形の大岩壁や、岩峰を連ねて屏風のようにそびえる仙法志稜から南稜までの眺めにまたもや鳥肌が立った。

登山口から沓形の町まで歩き始めたら、後ろで車が止まり、「乗っていきませんか」との声。4人グループだった。好意に甘えた。バス停で降ろしてもらって車を見たら、なんと私が暮らす函館ナンバーだった。

それから2年後、函館市内でタクシーに乗った。たまたま運転士さんと山の話になった。2年前の夏に利尻山に登ったと言う。もしかしたらと、尋ねてみた。偶然ながらも感激の再会だった。利尻山の思い出話に花が咲いたのは言うまでもない。

19年ぶりの2015年7月に同じコースを再訪した。前回は時期的に遅くて目にできなかったこの山の固有種であるリシリヒナゲシとボタンキンバイにも対面でき、思い残すことはなくなった。

（2015・8・14掲載）

最高地点の南峰とロウソク岩

鴛泊コースのザレ場に咲くリシリヒナゲシ

沓形コースの登山道沿いに咲くボタンキンバイ

礼文町

山頂から海上に浮かぶ利尻山を望む

礼文岳（490メートル）
れぶんだけ

400ポコからは山頂部が見える

「花の浮島」を一望

　礼文島は「花の浮島」と呼ばれ、レブンアツモリソウ、レブンシオガマ、レブンコザクラ、レブンウスユキソウなどの固有種のほかに、本州では2000メートル～2500メートルを超えないと目にできない多くの高山植物の花々を海岸近くで見ることができ、花好きにはたまらない貴重な島である。

　その島の最高峰がこの礼文岳である。標高500メートルに満たない低山で、この山だけを目当てに島に渡る人は少ないだろう。筆者の初登も花の時期に合わせた強行軍だった。1996年6月下旬、土曜の午後に函館から一気に稚内まで車を走らせ、翌日の始発フェリーに乗り、一番のバスで内路コース登山口へ向かった。

　まず驚いたのは、標高350メートルでハイマツ帯となり、森林限界上部の高山帯のような雰囲気になったことだ。あらかじめ知ってはいたが、「花の浮島」の山なのに、みごとなほどに花がないことにも驚いた。おまけに小雨がパラ

頂上直下に咲いていた
レブンシオガマ

礼文島一番人気の花・
レブンアツモリソウ

おまけ情報

この島の魅力をじっくり味わうには、この登山コースも含めた6つのトレッキングコースがお勧めだ。花を楽しめる「桃岩展望台コース」、島の北部を回る「岬めぐりコース」、レブンウスユキソウが咲く「礼文林道コース」、スコトン岬から礼文林道の分岐点までの「8時間コース」、日本最北の湖を巡る「久種湖畔コース」。

ついてきて、島全体をガスが覆い始めて利尻山もかすんできた。

　下山後、バスを利用して高山植物園に寄り、北海道天然記念物に指定されている屈指の花畑がある桃岩展望台コースとレブンウスユキソウの群生地である礼文林道を走り回って、最終のフェリーに飛び乗った。とにかく慌ただしかった思い出しかない。

　退職後、ゆっくり花巡りをしたくて、レブンアツモリソウの花期の6月上旬に再訪し、泊まりがけで島のあちこちの花畑を堪能した。さらに、数年後の7月上旬にも、最北のスコトン岬からフェリーターミナルまでの礼文島トレッキングコース「8時間コース＋礼文林道」（30㌔）を踏破し、多くの花々と島内の景観をたっぷり楽しんだ。

　この礼文岳を再び訪れたのは2014年7月中旬。17年ぶりに足を運んだのは、利尻山とこの山を登れば、『新版北海道百名山』（山と渓谷社）を2巡することに気付いたからだ。

　前回は花のない山だったが、頂上の下にレブンシオガマとカラフトイチヤクソウが咲き、頂上ではハマナスが迎えてくれた。天候にも恵まれ、山頂からは北にスコトン岬やゴロタ岬、久種湖、南の海に浮かぶ利尻山が一望でき、「これで最後かもしれない」壮大なパノラマをゆったり楽しんだ。

（2015・7・15 掲載）

踏破済みの北海道の山一覧

（2016年12月末現在）650山

すべての山行記録が、ホームページ
「一人歩きの北海道山紀行」
で見られます。
http://sakag.web.fc2.com

太　字：登山道のある山
細　字：登山道のない山
丸数字：登った回数
（雪）：雪山
（薮）：やぶこぎ
（沢）：沢から

道南の山

〈**松前半島**〉

大千軒岳⑱　**前千軒岳**　**勝軍山**　**天狗山**　**白神岳**　**福島丸山**　**七ツ岳**③　**桂岳**③　**通称釜谷岳**②　**知内丸山**④（雪①）　**矢越岳**　**尖山**　**岩部岳**④（雪①）　**燈明岳**〈知内〉③（雪①）　**知内岳**③（苅分道②）　**奥丸山**③（雪①苅分道②）　**薬師山**〈木古内〉　**茂刈山**②　**元山**④　**笹山**⑤　**八幡岳**③　**当別丸山**⑤（雪①）　**江良岳**〈渡島大島〉　檜倉岳②（雪①沢①）　松倉山（雪）　燈明岳〈千軒〉（雪）　百軒岳（薮）　赤岳〈上ノ国〉（薮）　大岳〈上ノ国〉（薮）　大赤岳〈上ノ国〉（薮）　袴腰岳〈松前・福島〉（薮）　649峰（点名・三角山）（薮）　木無山〈上ノ国〉（作業道）　袴腰岳〈知内・上ノ国〉　尖岳（雪）　袴腰山（雪）　瓜谷山（沢）　燈明岳（雪）　馬岳（雪）　牛岳（雪）　神ノ山（薮）　大滝山（薮）　初神山（薮）　八兵衛岳（薮）　池ノ岱山（雪）　丸岳（薮）　長山（薮）　親岳（雪）　黄金山（薮）　八平岳（薮）　梯子岳（沢・苅分道）　焼木尻岳（雪）　827峰（点名・下俄郎）（雪）　三角山（厚沢部）（雪）　五郎助岳（薮）　幌内岳（薮）　鏡山　不二山（雪）　伊勢鉢山（雪）　下ノ沢山（林道・薮）　楢ノ木山（薮）　障子山（薮）　御髪山（薮）　570峰（点名・我呂）（苅分道）

〈**亀田半島**〉

駒ケ岳⑮（雪①）　**恵山**⑳（雪②）　**海向山**⑫（雪①）　**函館山**⑳（雪⑦）　**横津岳**⑬（雪⑥）　**砂原岳**④（雪①）　**袴腰岳**⑮（雪③沢①）　**通称烏帽子岳**⑥　**二股岳**⑦（雪④）　**庄司山**⑧（雪④）　**蝦夷松山**⑦　**雁皮山**⑥　**泣面山**③（雪①）　**三森山**③　**日暮山**③（雪②）　**七飯岳**⑪（雪⑤）　**台場山**⑥　**毛無山**〈北斗〉⑨（雪②）　**仁山**　木地挽山　弥五兵衛岳③（苅分道①沢①雪①）　丸山龍神宮の山　峠下台場山②　太鼓山③　汐首山②　貧乏山②（林道・作業道）　楢山（林道・作業道）　恵山・428峰（御殿山）　日浦御殿山(219m峰)　設計山③（雪②薮①）　古部丸山（古部岳）③

（薮①沢①雪①）　鹿部丸山（雪）　三枚岳②（雪・薮）　毛無山〈函館〉（薮）　三九郎岳④（雪③沢①）　四九郎岳③（雪）　気無山〈函館〉（薮）　熊泊山（雪）　鳴川岳（雪）　烏帽子山（雪）　釜谷富士（薮）　石山（薮）　清水山（薮）　雷電山（雪）　笹積山（薮）　蓬揃山（薮）　三角山〈北斗市〉（雪）　硫黄山（雪）　吹上石・516.8峰（点名・吹上山）（雪）　696.3峰（点名・河汲沢）（雪）　512峰（点名・寅沢）（薮・雪）　502峰（点名・鷹の巣）（雪）　818峰（点名・中二股山）（雪）　611岩峰（雪）　580岩峰②（雪②）　吉野山（雪）　497峰（三森山前衛峰）　689.6峰（点名・北中山）（薮）　姉弟山（306.2峰）（雪）　628峰（奥三角山）②（雪）

〈道南中央部〉

雄鉾岳⑥　**遊楽部岳④**　**乙部岳⑤**　**ヤンカ山③**　**白水岳④**　**冷水岳③（雪①）**　**小鉾岳③**　**満願展望台**　**穴潤山（雪）**　**野田追岳③（苅分道）**　**毛無山〈森〉②（雪①）**　太櫓岳②（雪②）　太櫓山（雪）　砂蘭部岳③（雪②苅分道①）　ルコツ岳（雪）　元小屋沢山（送電線下）　スルカイ岳（雪）　突符山（沢）　横山（雪）　紋内山②（沢①雪①）　トワルタップコップ岳（雪）　キムンタップコップ岳（雪）　三角山〈八雲〉②（雪①苅分道①）　狗神山（雪）　毛無山〈八雲〉　岩子岳②（雪①沢①）　ペンケ岳〈八雲〉（雪）　開墾山（沢・薮）　ササマクリ山（沢・薮）　毛無山〈せたな〉（雪）　焼山（雪）　賀呂山（雪）　784.8峰（点名・釜別）（雪）　札幌山（送電線）　森川山③（雪）　鍋岳（雪）　盤石岳③（雪①苅分道①沢①）　819.1峰（点名・姫川）（雪）　798.1峰（点名・尖岳）（雪）　鉄砲岳（雪）　坊主山（雪）　赤岳（八雲）（雪）　沖沢山（雪）　円山〈乙部〉　酒谷山（林道）　坊主山〈森〉（沢）　777.7峰（清身岳）　帆越山（雪）　太田山（雪）　相泊山（雪）

〈狩場山周辺〉

長万部岳④（雪①）　**狩場山⑨**　**大平山③**　**黒松内岳④（沢②）**　**カニカン岳②**　**写万部山③**　**美利河丸山②**　カスベ岳（雪）　メップ岳②（雪）　フモンナイ岳②（雪②）　東狩場山（雪）　オコツナイ岳（雪）　利別岳（雪）　神威山〈島牧〉（薮）　母衣月山（薮）　オタモイ山（雪）　886.4峰（鯨山）（雪）　二股山（雪）

道央の山

〈ニセコ周辺〉

羊蹄山⑰（雪⑤）　**目国内岳⑦（雪④）**　**チセヌプリ④（雪①）**　**雷電山④（雪①）**　**昆布岳④（雪①）**　**尻別岳②**　**ニセコアンヌプリ⑥（雪③）**　**イワオヌプリ③（雪①）**

ニトヌプリ③(雪①)　岩内岳②　前目国岳②(雪①)　シャクナゲ岳⑤(雪②)　白樺山②　軍人山　羊蹄南コブ　貫気別山〈留寿都〉　小イワオヌプリ　ニセコワイスホルン③(雪②)　幌別岳〈蘭越〉(苅分道)　本倶登山②(雪②)　幌内山〈蘭越〉(雪)　西昆布岳②(雪②)　竹山(薮)　化物山(薮)　幌扶斯山(薮)　三国内(雪)　観音山(雪)　寿都天狗岳(雪)　賀老山(雪)

〈支笏・洞爺周辺〉
恵庭岳③　徳舜瞥山⑤(雪①)　樽前山⑦　風不死岳④　室蘭岳③(沢①)　オロフレ山⑤(雪①)　有珠山④　ホロホロ山⑥(雪①)　カムイヌプリ②　来馬岳④　イチャンコッペ山　伊達紋別岳③(雪①)　早月山　紋別岳(雪)　四十三山　カルルス山②　ポンヌプリ　四方嶺　丸山遠見(雪)　洞爺湖中島「西山」　稀府岳③(薮①)　天狗岩　小花井山　幌萌山　漁岳③(雪②沢①)　窟太郎山(薮)　白老岳②(雪)　北白老岳(雪)　南白老岳(雪)　多峰古峰山(雪)　小漁山(雪)　フレ岳(雪)　丹鳴岳(雪)　オコタンペ山(雪)　加車山(雪)　通称シリセツナイ山(雪)　野鳥の森ピーク(雪)　モラップ山(雪)

〈札幌・小樽周辺〉
無意根山⑤(沢①雪①)　余市岳④(雪②)　定山渓天狗岳②　神威岳③　札幌岳④(雪①)　手稲山③　藻岩山②　空沼岳③(沢①雪①)　銭函天狗山②　喜茂別岳④(雪②)　円山③　八剣山③　春香山④　砥石山②(雪①)　小天狗岳②　塩谷丸山④(雪②)　夕日岳　朝日岳　烏帽子岳　頂白山　赤岩山　迷沢山②(雪①)　小樽天狗山　於古発山　遠藤山　野牛山　庚申草山　豊平山　豊栄山　豊見山　松倉岩　シリパ山　朝里天狗岳　石倉山　五天山　三角山〈札幌〉②　大倉山　奥三角山　兜岩・兜峰　藤野富士　藤野マナスル　モエレ山　並河岳(雪)　中岳(雪)　阿女鱒岳(雪)　白井岳②(雪②)　千尺高地(雪)　狭薄山(雪)　百松沢山(雪)　奥手稲山(雪)　長尾山(雪)　美比内山(雪)　小喜茂別岳②(雪②)　蓬莱山(雪)　幌滝山(雪)　東中山(雪)　手稲ネオパラ(雪)　毒矢峰(雪)　稲穂嶺(雪)　銀山(雪)　大黒山(雪)　元服山(雪)　盤渓山(雪)　奥盤渓山(雪)　三菱山(雪)

〈積丹半島〉
積丹岳③(雪②)　両古美山②(雪①)　無沢1　当丸山　余別岳②(雪②)　珊内岳(雪)　赤石山(雪)ポンネアンチシ岳(雪)　八内岳(雪)　鉞山(薮)　泥ノ木山(雪)

夕張・樺戸・増毛・幌内の山

〈夕張・幌内山地〉

夕張岳④　芦別岳④　崕山③　富良野西岳②　坊主山　美唄山　冷水山　音江山④(雪②)　沖里河山②　イルムケップ山　宿弗山　馬追山(瀞台)②　長官山　ゼロの山　佐主岳　辺毛山(薮)　幾春別岳(沢)　ハッタオマナイ岳(雪)　布部岳(雪)　松籟山(雪)　御茶々岳(雪)　槙柏山(雪)　前岳(薮)　滝ノ沢岳(沢・薮)　班渓幌内山(雪)　夕張小天狗(雪・薮)　夕張中岳(雪・薮)　中天狗(沢)

〈増毛・樺戸山地〉

暑寒別岳⑤(雪②)　黄金山②　神居尻山②　ピンネシリ②　待根山②(雪①)　南暑寒岳　浦臼山　隈根尻山　玄武岩　群別岳(雪)　浜益岳(雪)　浜益御殿②(雪②)　雄冬岳(雪)　幌天狗(雪)　増毛・天狗岳(雪)　中ノ沢岳(雪)　円錐峰②(沢①雪①)　奥徳富岳(雪)　ペトツルンベ(薮)　鳥越山(雪)　鷲峻山(雪)　小鷲峻山(雪)

日高の山

〈狩勝・日勝峠付近〉

佐幌岳②　オダッシュ山④(雪②)　新得山　沙流岳②(雪①)　日勝ピーク④(雪④)　熊見山(雪)　1328峰(雪)　林業界の双珠別岳(1347m)(雪)　登山界の双珠別岳(1389m)(雪)　狩振岳(雪)　狩勝山(雪)　社満謝岳(雪)　タケノコ山②(雪②)　石山(雪)　トマム山(雪)　落合岳(雪)

〈北日高〉

伏美岳④(雪①)　ピパイロ岳③　十勝幌尻岳③(雪①)　剣山③(雪①)　芽室岳②　幌尻岳③　戸蔦別岳⑤　北戸蔦別岳⑤　チロロ岳②　1967峰③　イドンナップ岳(沢)　新冠富士②　ペンケヌーシ岳③　ヌカビラ岳③　久山岳　ペケレベツ岳③(雪①)　樺司山　リビラ山②(沢①)　東山　幌内丸山　北日高岳　札内岳(沢)　エサオマントッタベツ岳③(沢)　通称春別岳(縦走路)　1917峰(縦走路)　1903峰(縦走路)　春別岳(沢)　留辺蘂山(沢)　ルベシベ山(沢)　シキシャナイ岳(雪)　トムラウシ山(雪)　妙敷山(雪)　帯広岳(雪)　糠平山(雪)　雁皮山(雪)　神威岳(カムイ岳)②(雪①沢①)　大樹山(雪)

〈南・中日高〉

アポイ岳④　楽古岳②　神威岳③　ペテガリ岳③　カムイエクウチカウシ山③（縦走①）　コイカクシュサツナイ岳④　1839峰②　ヤオロマップ岳③　ピセナイ山③　ピンネシリ　横山中岳②　ポンヤオロマップ岳　ペラリ山②　笹山(新冠)　三枚岳②　1823峰(縦走路)　ルベツネ山(縦走路)　トヨニ岳(雪)　ピリカヌプリ(雪)　野塚岳②(沢②)　オムシャヌプリ(薮)　十勝岳(沢)　ソエマツ岳西峰(薮)　広尾岳(踏み跡)　中ノ岳(沢)　ルチシ山(薮)　豊似岳②(薮)　観音岳(薮)　ピロロ岳(沢)　袴腰山(薮)　貫気別山(平取)(沢)　賀張山(薮)　ヌモトル山(薮)　オキシマップ山(薮)　様似・天狗岳(薮)　二観別岳(薮)　本二観別岳(薮)　北横山(薮)　南横山(薮)

十勝・大雪の山

〈十勝連峰〉

富良野岳⑥(雪①)　上ホロカメットク山③　十勝岳④(雪①)　美瑛岳②　オプタテシケ山③(雪①)　美瑛富士②　三段山⑦(雪⑥)　ベベツ岳③　石垣山③　下ホロカメットク山(雪)　境山(雪)　前十勝岳③(雪)　大麓山(雪)　トウヤウスベ山(雪)　コスマヌプリ(薮)

〈表大雪〉

赤岳⑧　小泉岳⑥　白雲岳⑥(雪①)　北海山③　北鎮岳④　旭岳⑤(雪①)　トムラウシ山④　忠別岳③(沢①)　黒岳⑥　愛別岳③　化雲岳②　五色岳　緑岳②　桂月岳②　永山岳④　安呂間岳③　比布岳②　当麻岳②　扇沼山②　三川台③　沼ノ原山　五色ヶ原③　平ヶ岳②　後旭岳②(雪②)　熊ヶ岳(雪)　烏帽子岳(雪)　凌雲岳(雪)　小旭岳(雪)　中尾山(沢)

〈東大雪〉

ニペソツ山④　ユニ石狩岳②　音更岳②　石狩岳③(沢①)　川上岳　ニペの耳　ウペペサンケ山③　西クマネシリ岳③　東ヌプカウシヌプリ山③　白雲山③　天望山②　三国山③　クマネシリ岳　南クマネシリ岳　西ヌプカウシヌプリ　天宝山　南ペトウトル山　岩石山　ピリベツ岳②　ピシカチナイ山(沢)　丸山(沢)　東丸山(薮)　ピリベツ岳(薮)　東三国山(林道)　喜登牛山(林道)　北ペトウトル山(雪)　ナイタイ山②(雪②)　然別山(雪)

〈北大雪〉

武華山②　武利岳②　平山③　ニセイカウシュッペ山④　比麻奈山②　比麻良山　有明山　天狗岳②(雪①)　層雲峡パノラマ台②　支湧別岳(沢)　北見富士〈留辺蘂〉(薮)　チトカニウシ山(雪)　ニセイチャロマップ岳(沢)　丸山〈留辺蘂〉(薮)　雄柏山(薮)　雲霧山(薮)　屏風岳(沢)　樹海峰(沢)　岩山(沢)　無類岩山(沢・薮)　朝暘山②(藪①雪①)　残月峰(雪)

道東・道北の山

〈道東〉

雌阿寒岳④(雪①)　阿寒富士②　雄阿寒岳③　剣ヶ峰〈阿寒〉　斜里岳②　知床硫黄山②　羅臼岳③　藻琴山③(雪①)　カムイヌプリ(摩周岳)②　武佐岳③　西別岳②　北見富士〈北見〉　標津岳　ウコタキヌプリ　北稜岳　仁頃山②　辺計礼山　白湯山　南斜里岳　英嶺山　中山〈置戸〉　瀬戸瀬薬師山　知床岳(踏み跡)　海別岳(雪)　木禽岳(薮)　阿幌岳(薮)　クテクンベツ岳②(沢①雪①)　遠音別岳(雪)　知西別岳(雪)　東斜里岳(雪)(直下で撤退)　瑠辺斯岳(雪)　サマッケヌプリ山〈中標津〉(雪)　養老牛山(雪)　尖峰②(雪)　瀬戸瀬山(薮)　俣落岳・ソーキップ岳(雪)　フップシ岳(雪)　伊由谷岳(雪)　イユダニヌプリ(雪)　フレベツ岳(雪)

〈道北〉

天塩岳④　石垣山③　ピッシリ山②　利尻山②　礼文岳②　ウエンシリ山②　ポロナイポ岳　ピヤシリ山③(雪①)　三頭山③　函岳②(雪①)　嵐山②　中鶴根山　敏音知岳　九度山　見晴山　日進山　名寄山　三角山〈名寄〉　当麻山　将軍山　円山〈豊富町・北海道最低峰〉　篭射峰　北見富士(踏み跡)　渚滑岳(雪)　於鬼頭岳(薮)　鬼刺山(沢・薮)　摺鉢山(雪)　突角山(雪)　天幕山(雪)　三毛別山(沢・薮)　下古丹別山(沢・薮)

2008年6月、大腸がん術後3ヶ月の北戸蔦別岳頂上にて
後ろは戸蔦別岳（左）と幌尻岳（右）

あとがき

　趣味が高じて、北海道新聞（札幌圏版）連載の栄を受け、足掛け5年もの間、115回も書かせていただいたことにまず感謝したい。その間、担当者が、当時、編集局札幌圏部編集委員だった黒川伸一さん（現論説部論説委員）に始まり、編集局報道センター編集委員だった相原秀起さん（現函館支社報道部長）、現編集局報道センター編集委員の小坂洋右さんと3代にわたり、大変お世話になった。適切な校正もしていただいた。この場を借りて、改めて感謝申し上げたい。

　書き続けることができたのは、本格的に山にハマった1992年から、これまで登って来た山の記録をすべてホームページ「一人歩きの北海道山紀行」にアップしてきたことが大きい。

　1998年の開設以来、アクセス数が300万件を超えている。ずっと「登っては書く」というスタイルを踏襲し、更新し続けてこれたのは、このアクセス数が励みとなっている。そういう意味では、拙サイトの愛読者にもお礼を申し上げたい。

　一人歩きが基本のスタイルの自分ではあるが、独りよがりの山から脱皮でき、ここまで多くの山に足跡を残すことができたのは、自分が創設に関わった、「北海道の山メーリングリスト」（略称HYML）の仲間のお陰である。

　自分のグループ山行は、この仲間がすべてと言っても過言ではない。単独では厳しい厳冬期の山スキー登山、沢登り、そして、やぶ山と、どんどんステップアップ

することができ、全道各地に多くの仲間もできた。心から感謝している。

　最後になったが、本書の出版に至るまでには、非常に多くの方々にお世話になった。まずは、冒頭の北海道新聞社の3代にわたる編集委員の方々、ページ作りの基本や画像編集の工夫等の相談に乗ってくださった菅原靖彦さん、この共同文化社から3冊の沢登りの本を出版していて、編集担当者を紹介してくださり、なおかつ本作りのノウハウの助言をくださった岩村和彦さん、そして、親身になって相談に乗り、適切な助言をくださった共同文化社編集担当の長江ひろみさん、楽しい本になるように、いろいろ工夫してくださったブックデザイン担当の渡邊絢子さん、さらには、補充のための写真を快く提供してくれた多くの方々、そのほか、さまざまな形でご協力いただいたみなさんへ心よりお礼申し上げたい。

　この本の発刊を迎えたこのときに当たり、非常に気になることがある。それは、北海道を直撃した昨年8月末の台風10号による林道崩壊や橋の崩落及び倒木などで、登山口へ容易にたどり着けない山が増えたことだ。くれぐれも情報確認を怠りなく…。

2017年3月　春の訪れを感じながら

※掲載している山の標高は2017年1月現在の国土地理院（電子国土Web）地図による。

写真提供協力者一覧 (五十音順)※敬称略

浅野喜泰（札幌市）、阿部昭彦（安平町）、石丸貴康（札幌市）、磯部吉克（函館市）、黒川伸一（札幌市）、小宮律子（札幌市）、佐藤健司（室蘭市）、佐藤力（帯広市）、高坂道雄（千歳市）、仲俣善雄（札幌市）、長谷川克朗（札幌市）、畠山良彦（千歳市）、細野国男（江別市）、森田健治（中標津町）ほかのみなさん

参考文献

『北海道夏山ガイド』　①〜⑥（菅原靖彦・梅沢俊・長谷川哲）北海道新聞社
『新版北海道百名山』　（梅沢俊・伊藤健次）山と渓谷社
『北海道の百名山』　（道新スポーツ編）北海道新聞社
『北海道雪山ガイド』　（北海道メーリングリスト編）　北海道新聞社　ほか

〈著者プロフィール〉

坂口　一弘
（さかぐち　かずひろ）

　1944年函館市生まれ・在住。20代のころは職場の仲間と近郊の山をときどき登っていたが、40代後半（1992年）になって、健康維持と老化防止目的で一人歩きの山にハマった。組織に縛られるのが嫌で、山岳会などには未加入。

　1998年、ホームページ「一人歩きの北海道山紀行」を開設し、それをベースに、翌年「北海道山のメーリングリスト」（略称HYML）の創設に関わった。

　退職後の年間山行日数は100日以上を目標にしている。6年かけて2010年に「日本三百名山」も完登、道内の山は現在650山以上を踏破中。歩き旅も好きで、四国遍路、熊野古道、中山道、大峰奥駈道などを踏破している。

　スキーは26歳のときに全日本スキー連盟公認指導員の資格を取得、現在は北海道スキー指導者協会副会長。このほかに、クロスカントリースキー大会も国内最長の「湧別原野85km」を初めとする6大会に連続出場中。

　なお、2008年と2011年の2回、大腸癌手術を受けているが、後遺症なし。

　座右の銘は「挑戦と感謝」、山に対するポリシーは「少年の心で山へ」。『北海道スノーハイキング』『北海道雪山ガイド』（北海道新聞社刊）の共同執筆者。

　2016年11月から北海道新聞夕刊（道南版・みなみ風）に「どうなん・とうほく山楽紀行」も連載中。

ほっかいどう山楽紀行（さんがくきこう）

2017年4月20日　初版第1刷発行
2017年6月20日　　　　第2刷発行

【著　者】坂口　一弘
【発行所】共同文化社
　　　　　〒060-0033　札幌市中央区北3条東5丁目5番地
　　　　　☎ 011-251-8078
　　　　　http://kyodo-bunkasya.net/
【ブックデザイン】渡邊　絢子
【印　刷】株式会社アイワード

© 2017 Kazuhiro Sakaguchi printed in Japan
ISBN 978-4-87739-297-0 C0075